"We're walking the fire to take over, mamas."
- Grandmother Ana

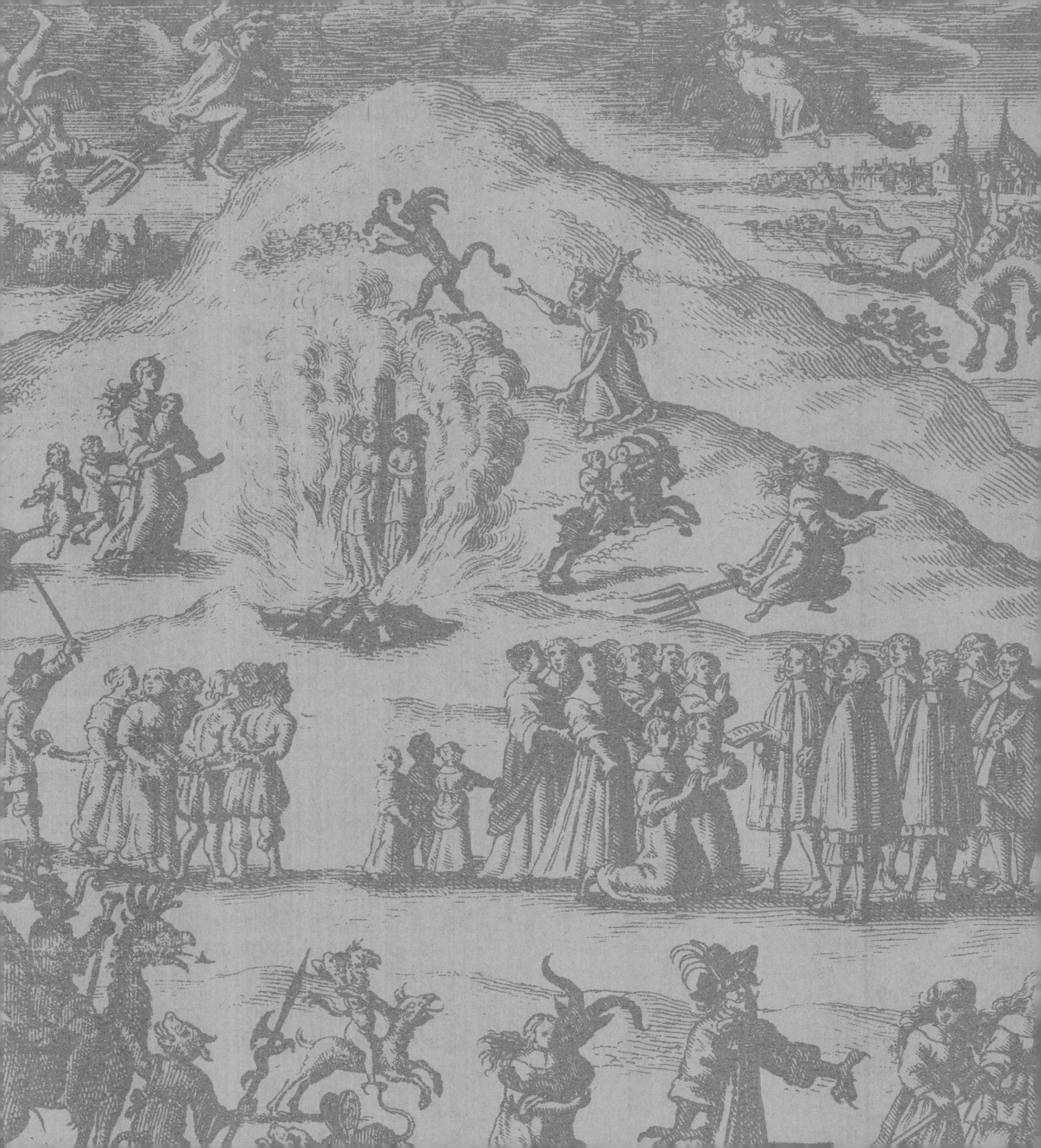

Elin Berge Awakening

BOKFÖRLAGET MAX STRÖM

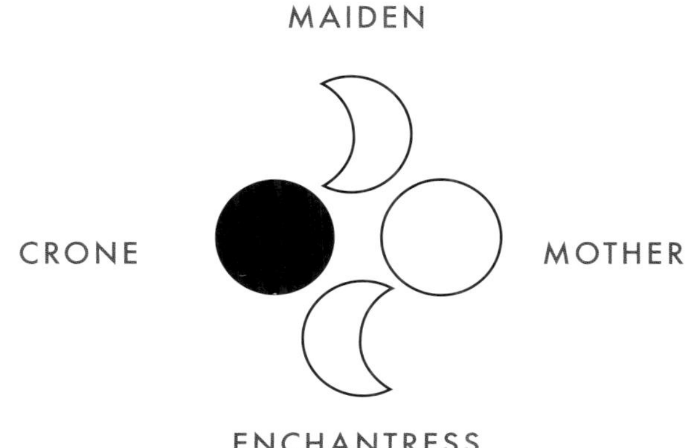
MAIDEN
CRONE
MOTHER
ENCHANTRESS

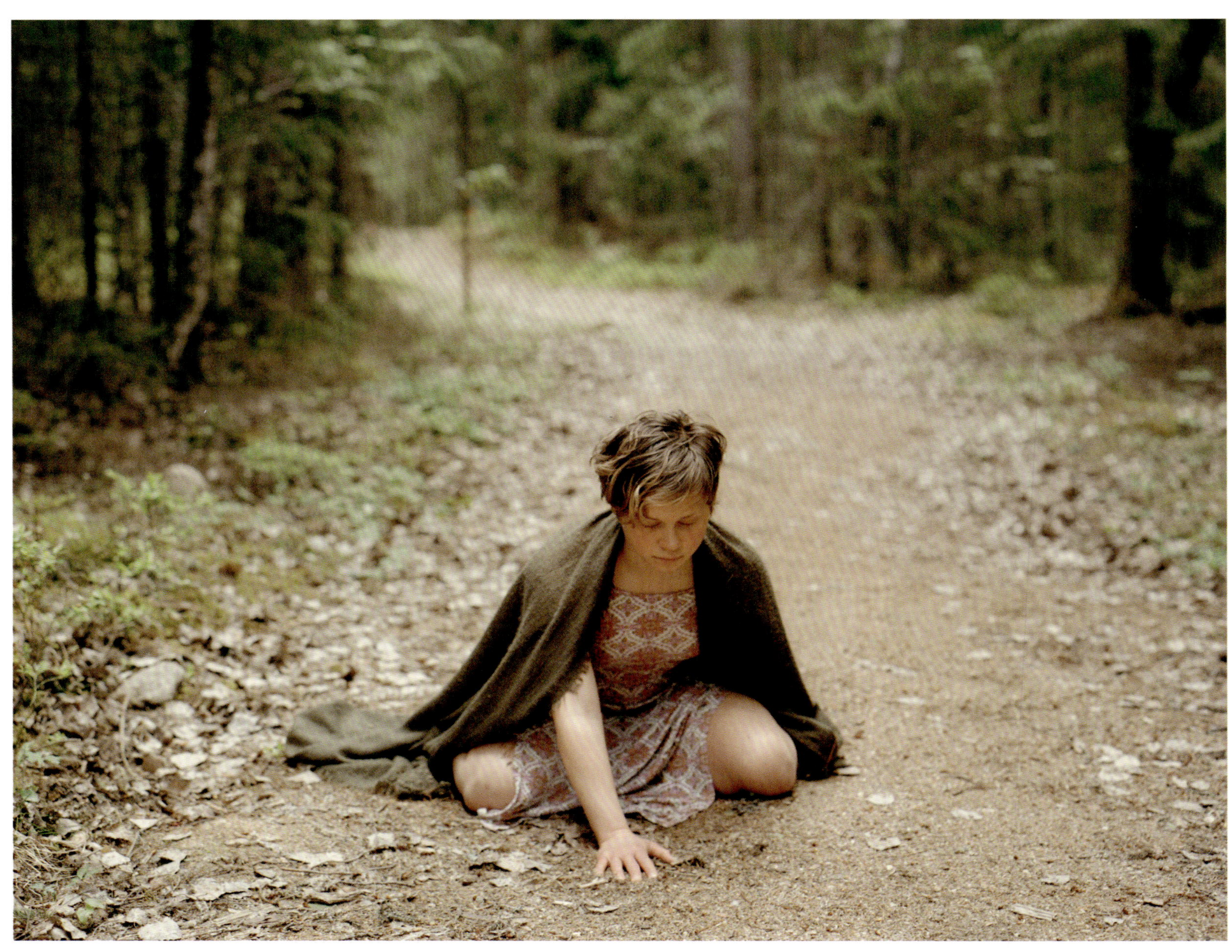

Astrid

THE MAIDEN

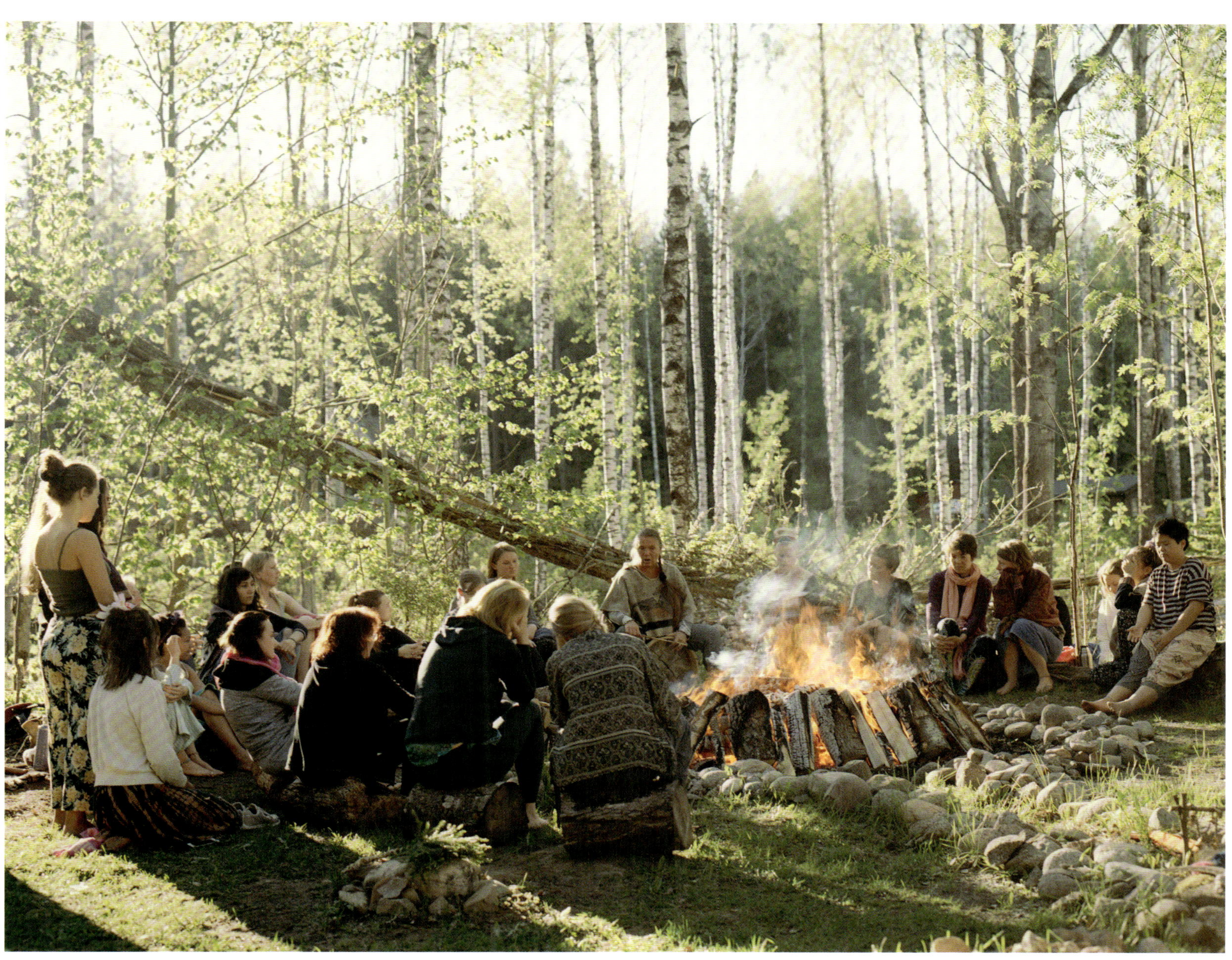

Grandmother Ana and the Sweat Lodge participants

Emmy I

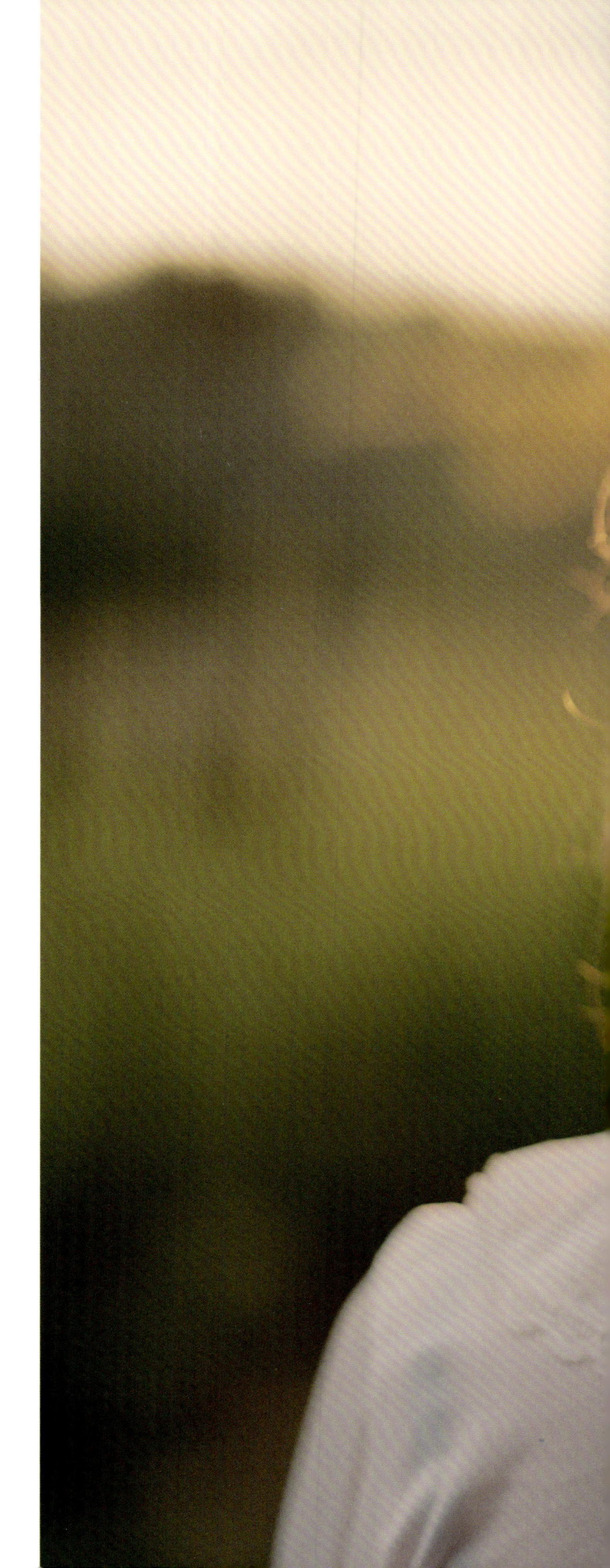

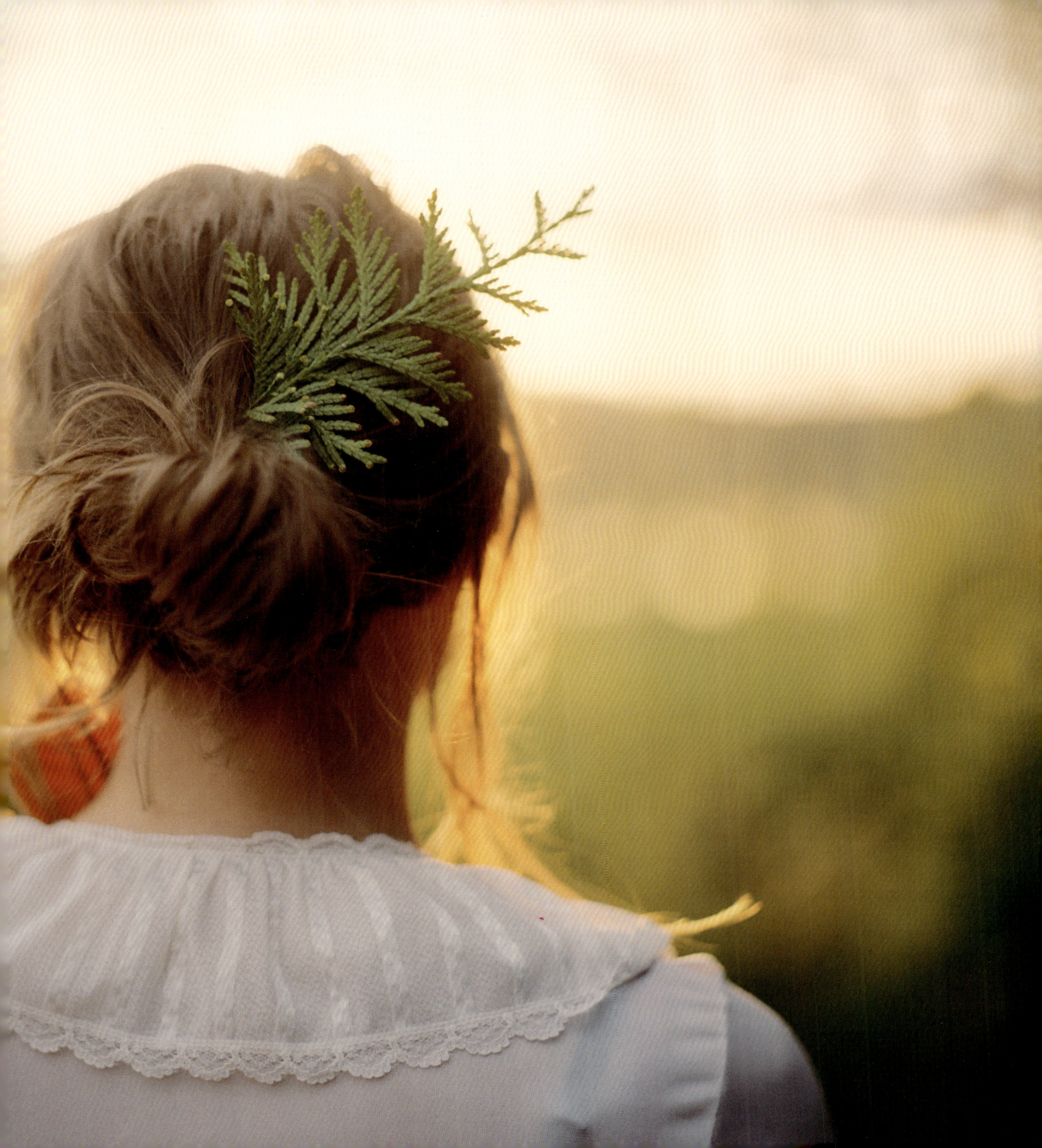

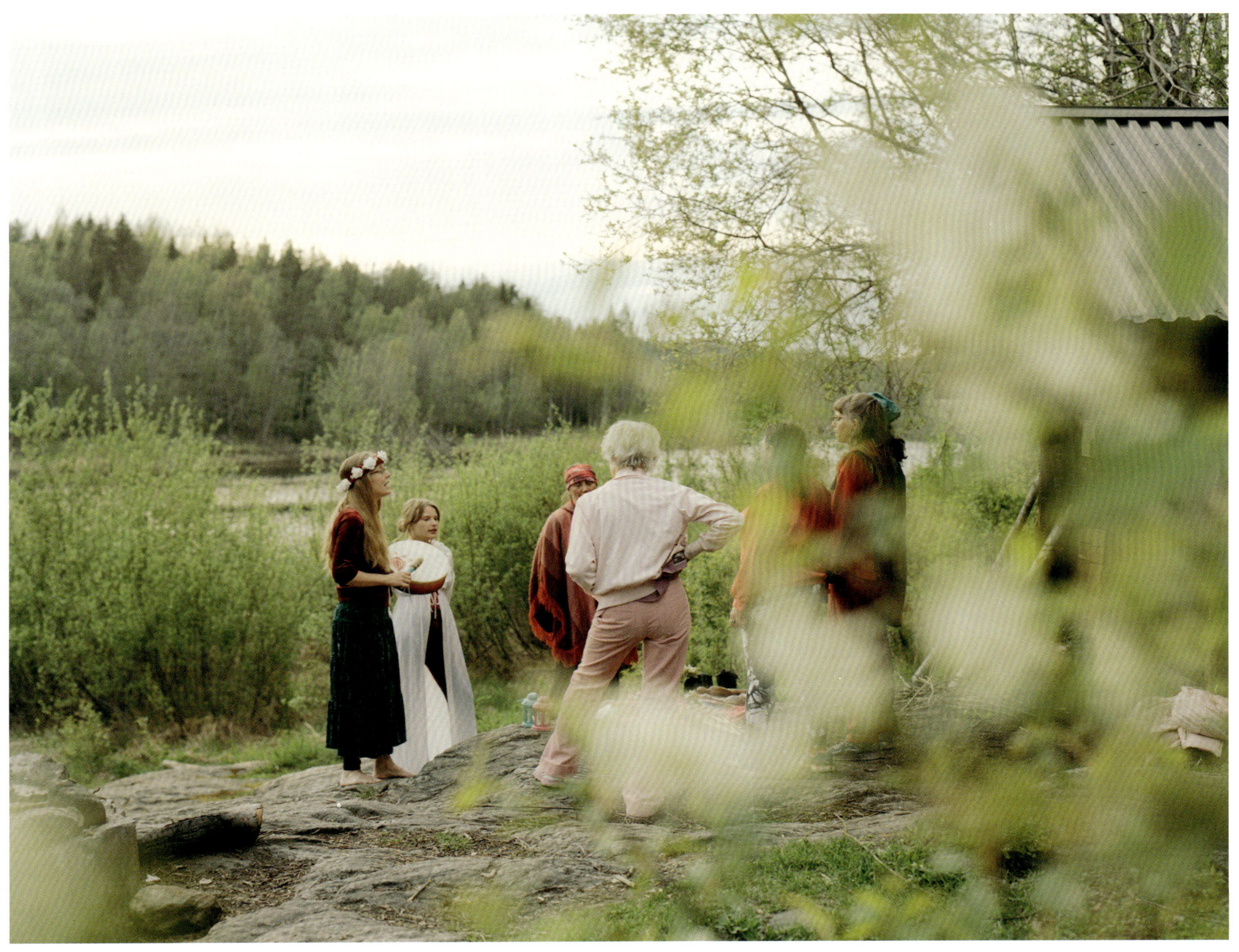

Moon Circle

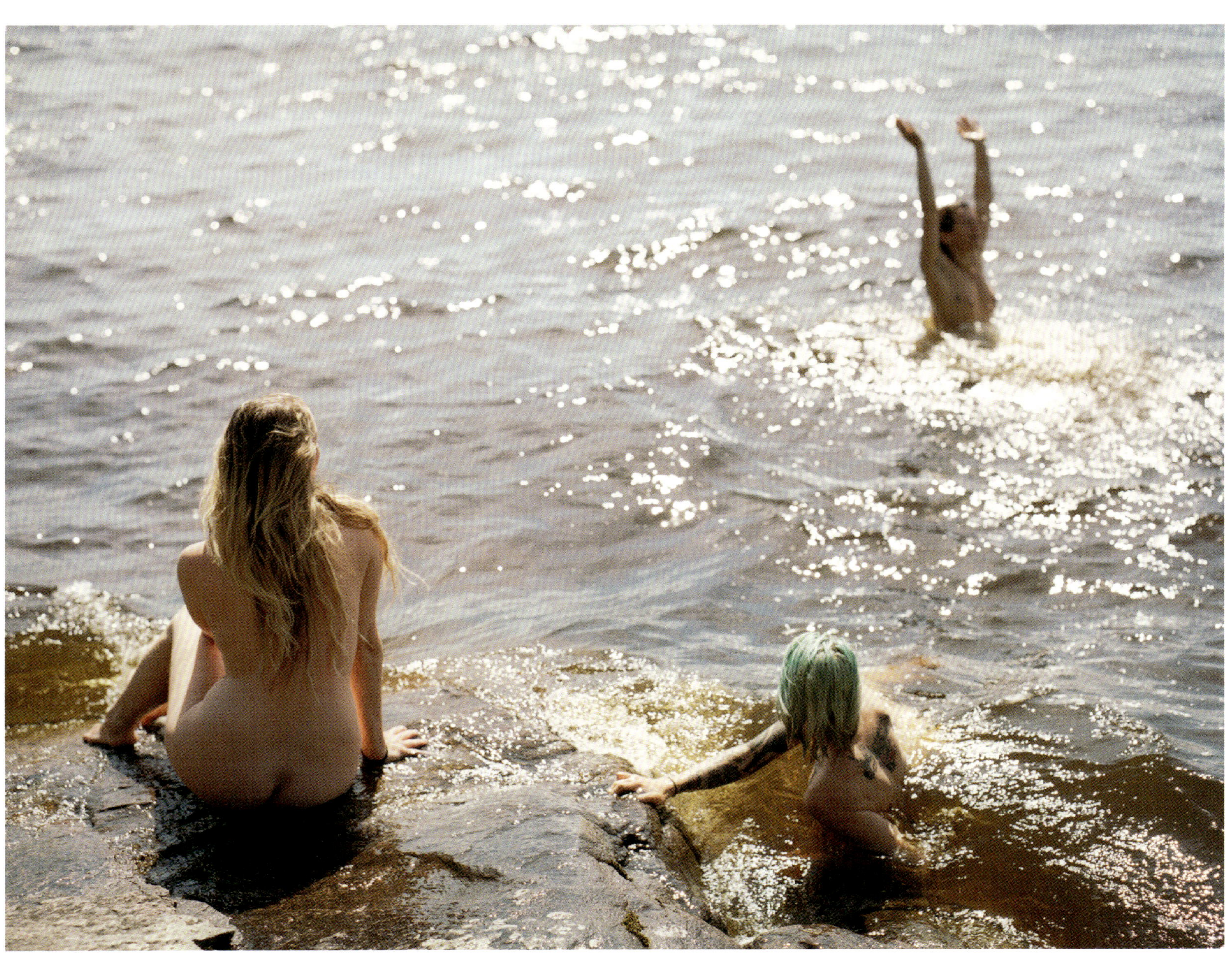

Sacred Womb Women's Festival

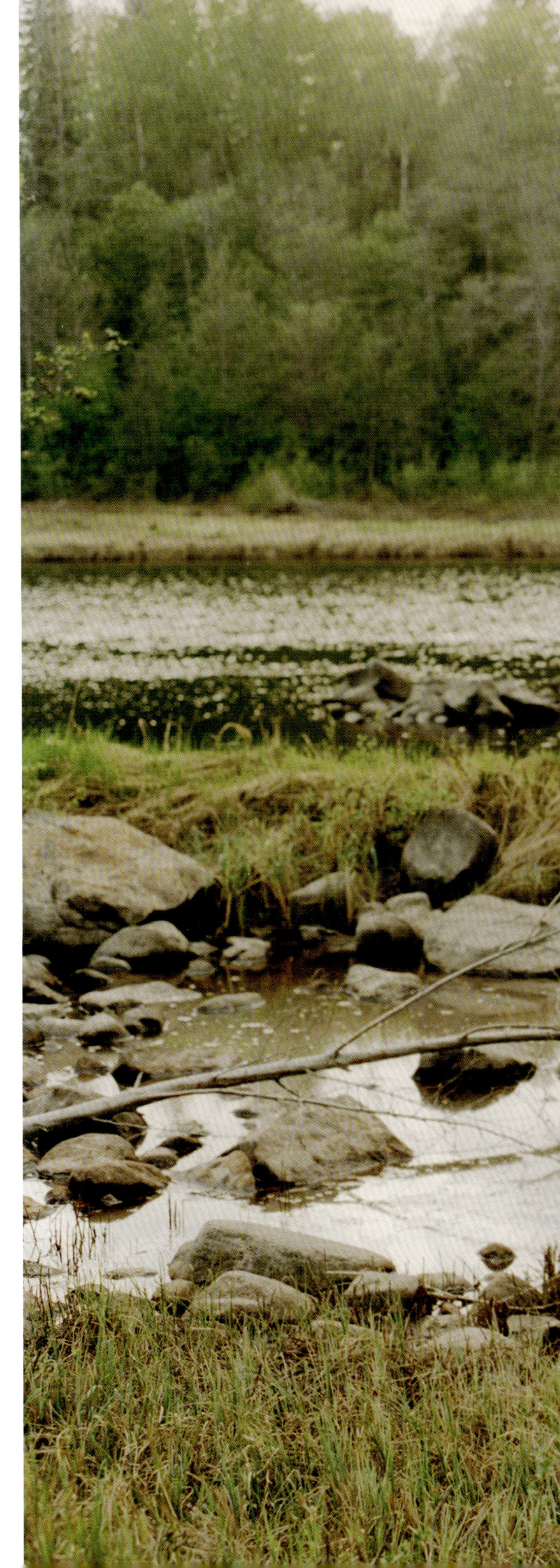

Moon Circle leader Camilla

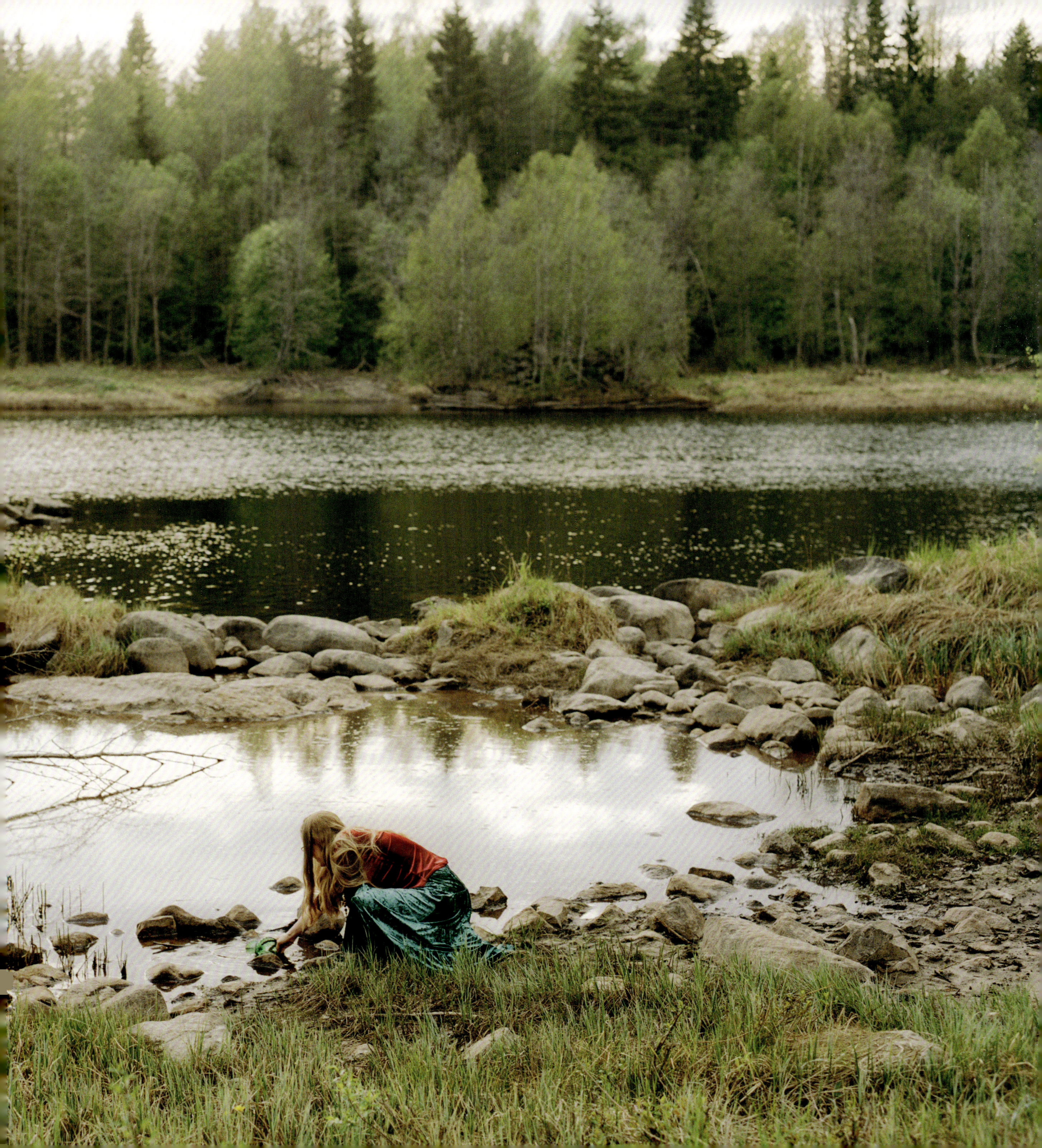

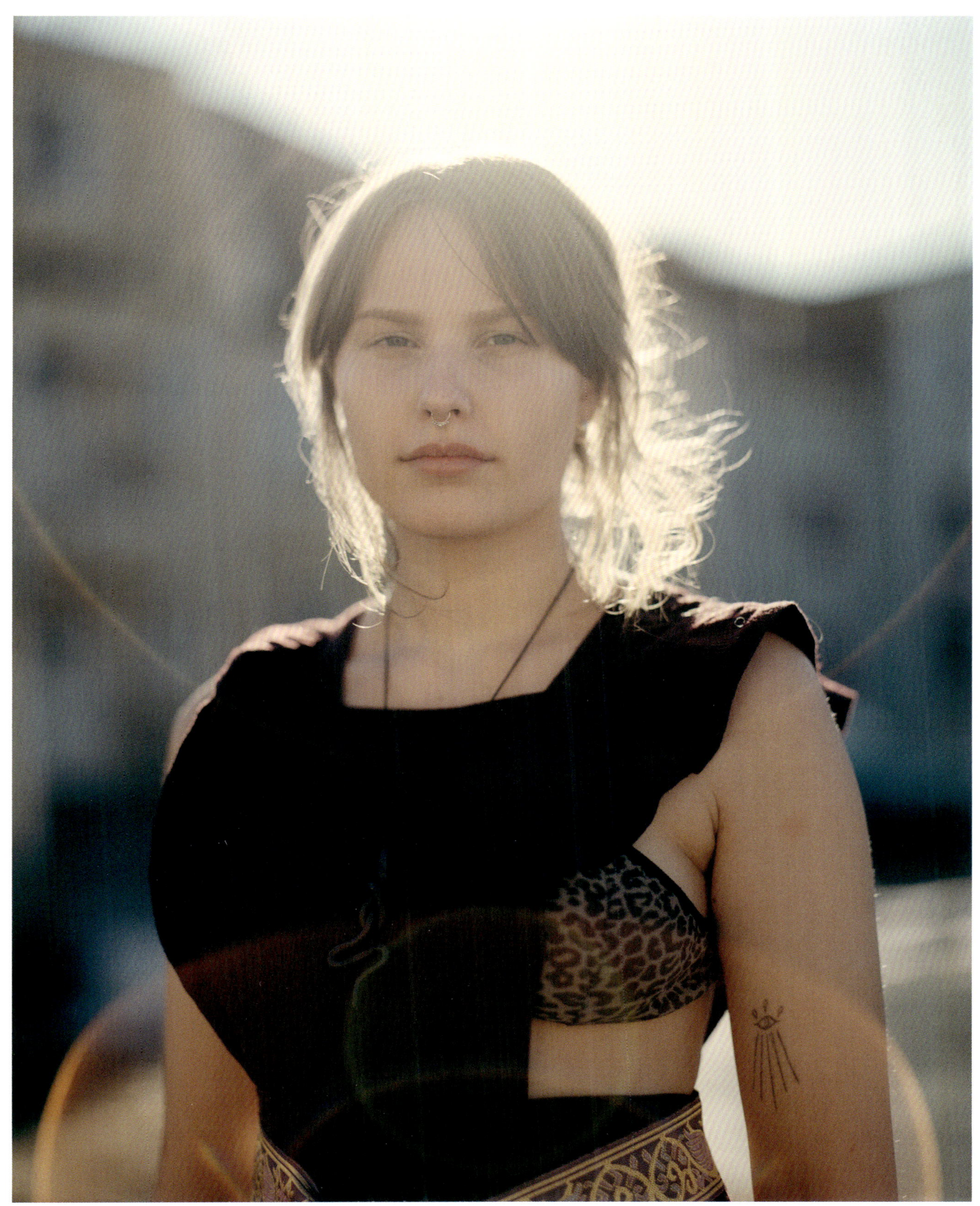

Emmy II

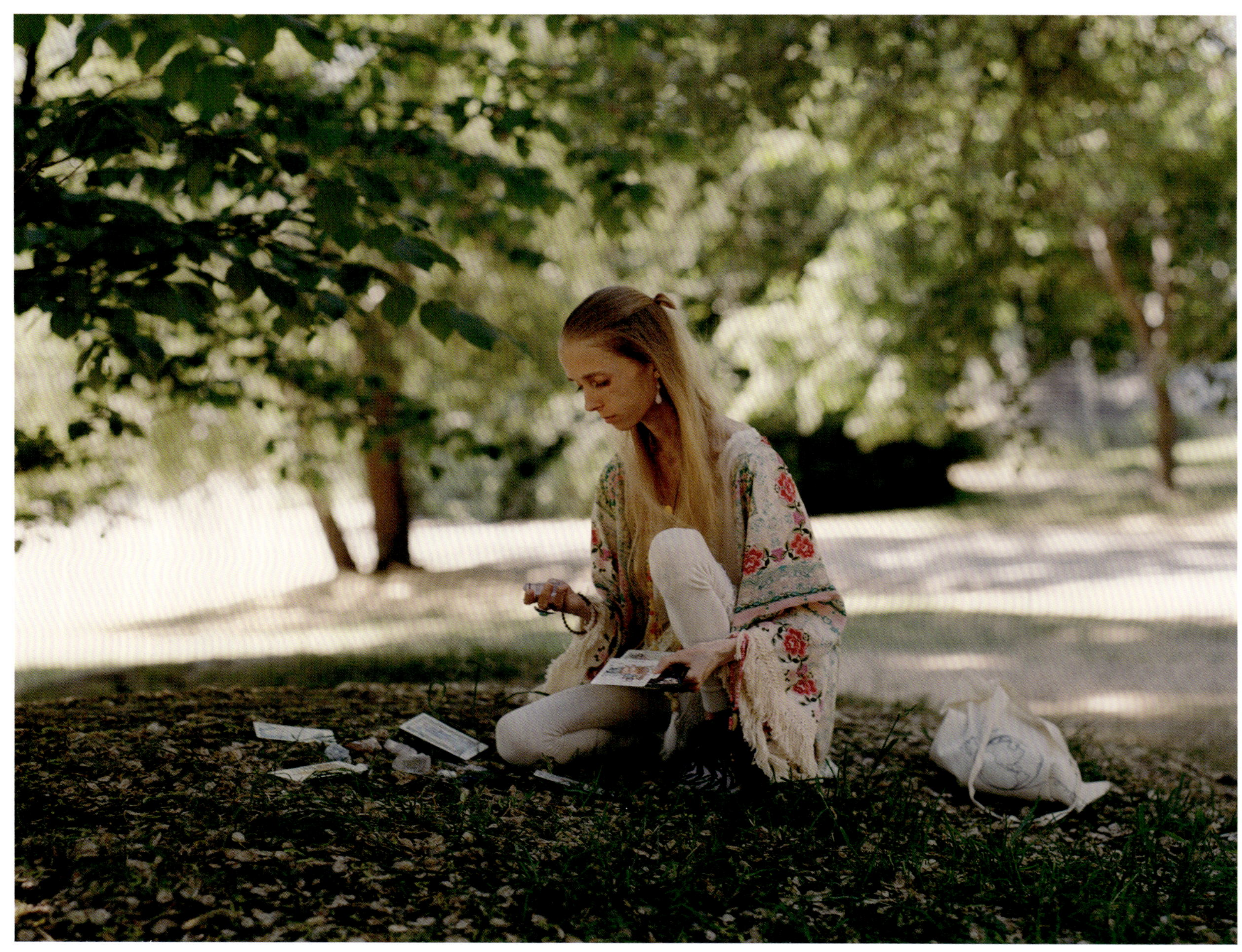

Esmeralda

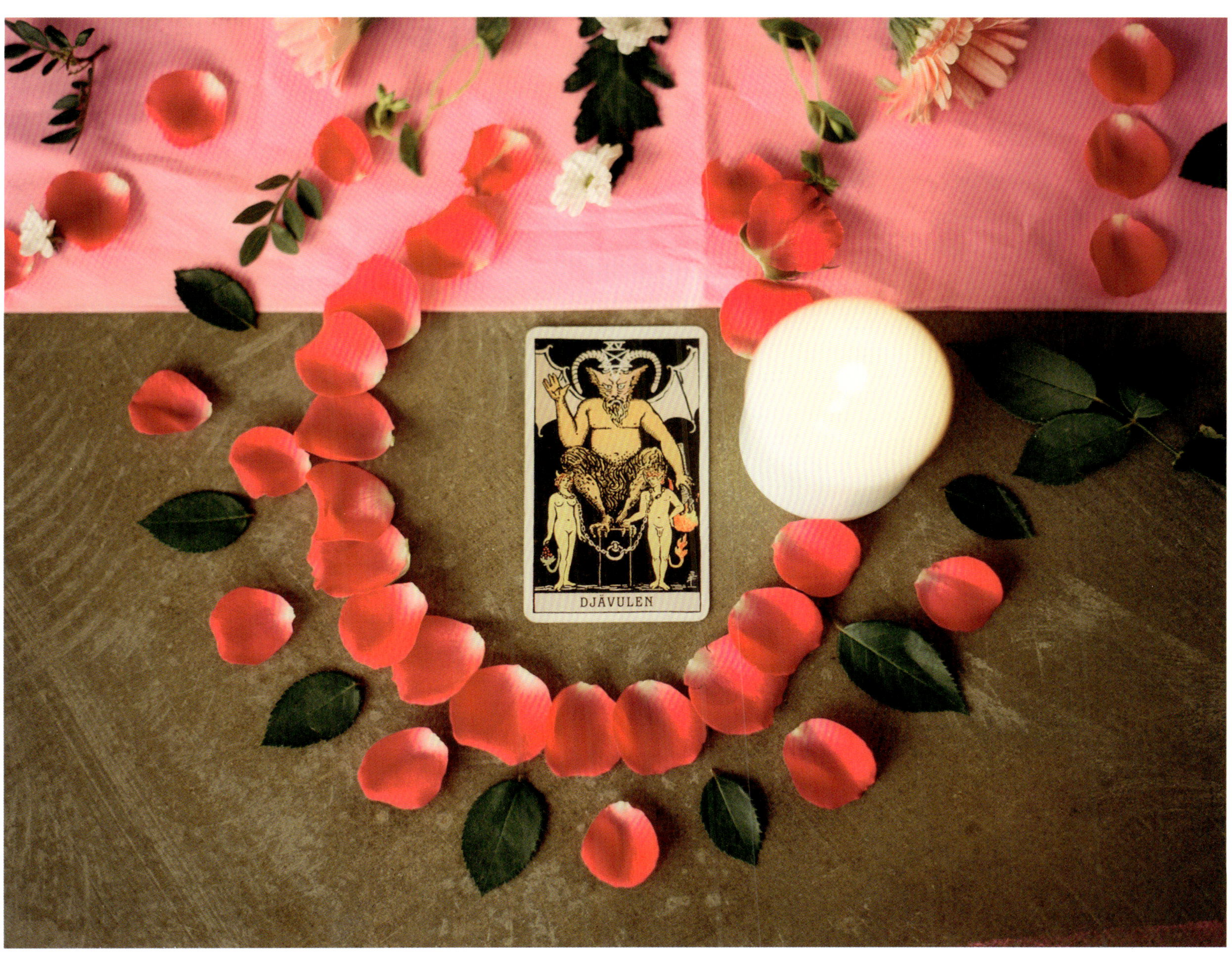

The Devil, Medicine Woman Circle

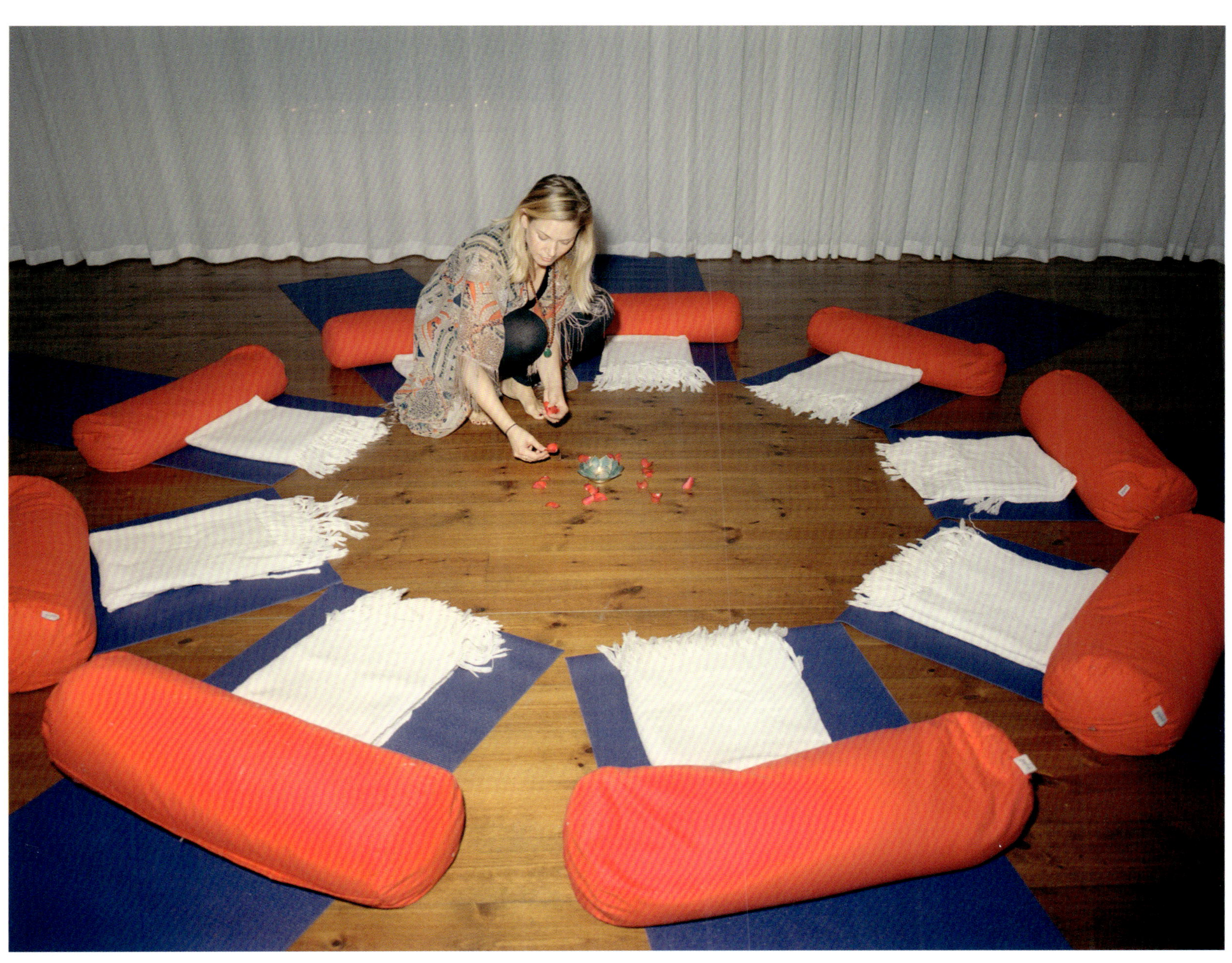

Self Love Sister Circle leader Helen

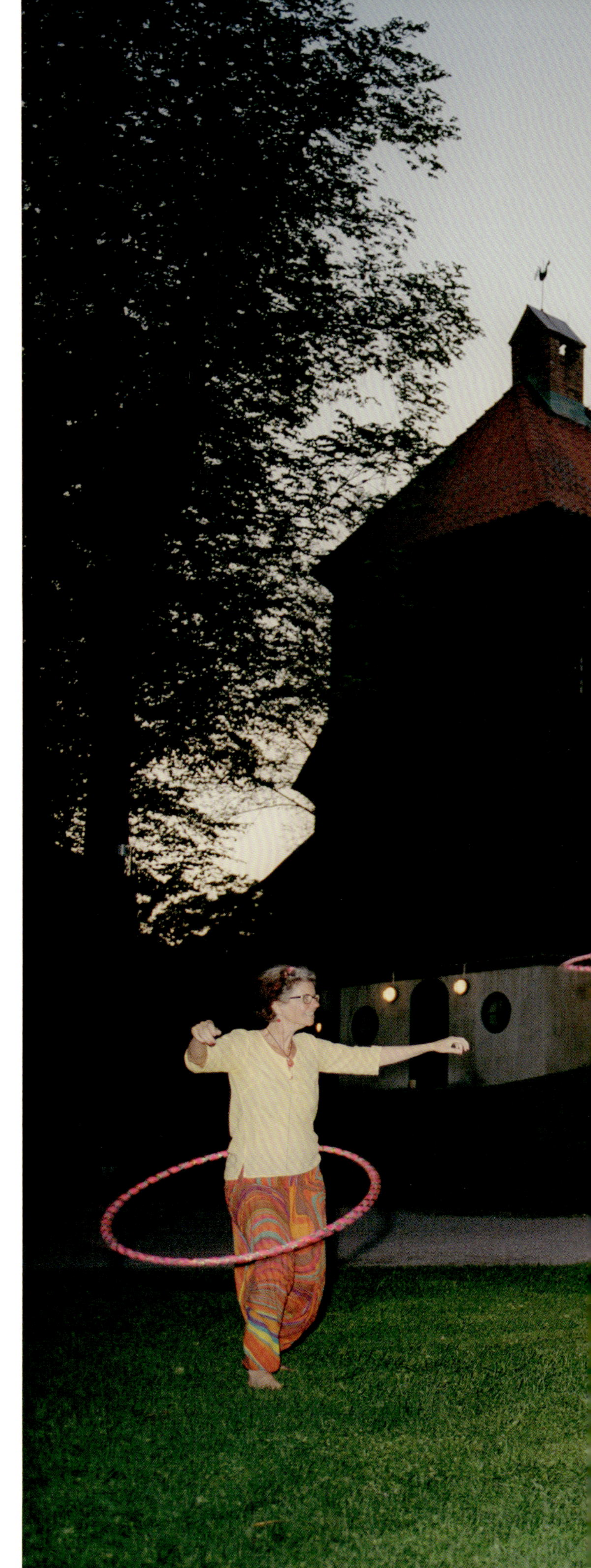

Urban Goddess Red Tent Sister Circle

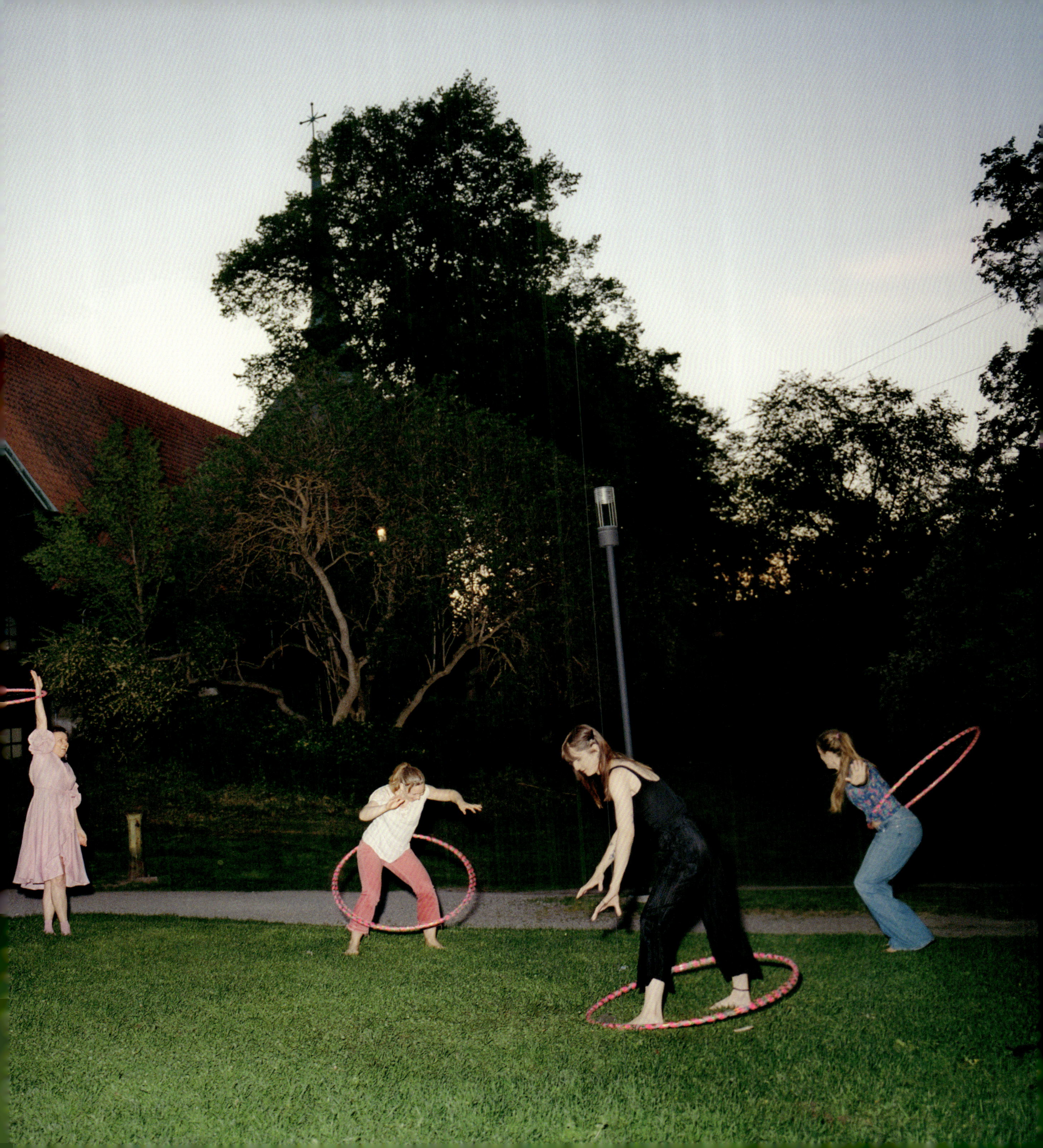

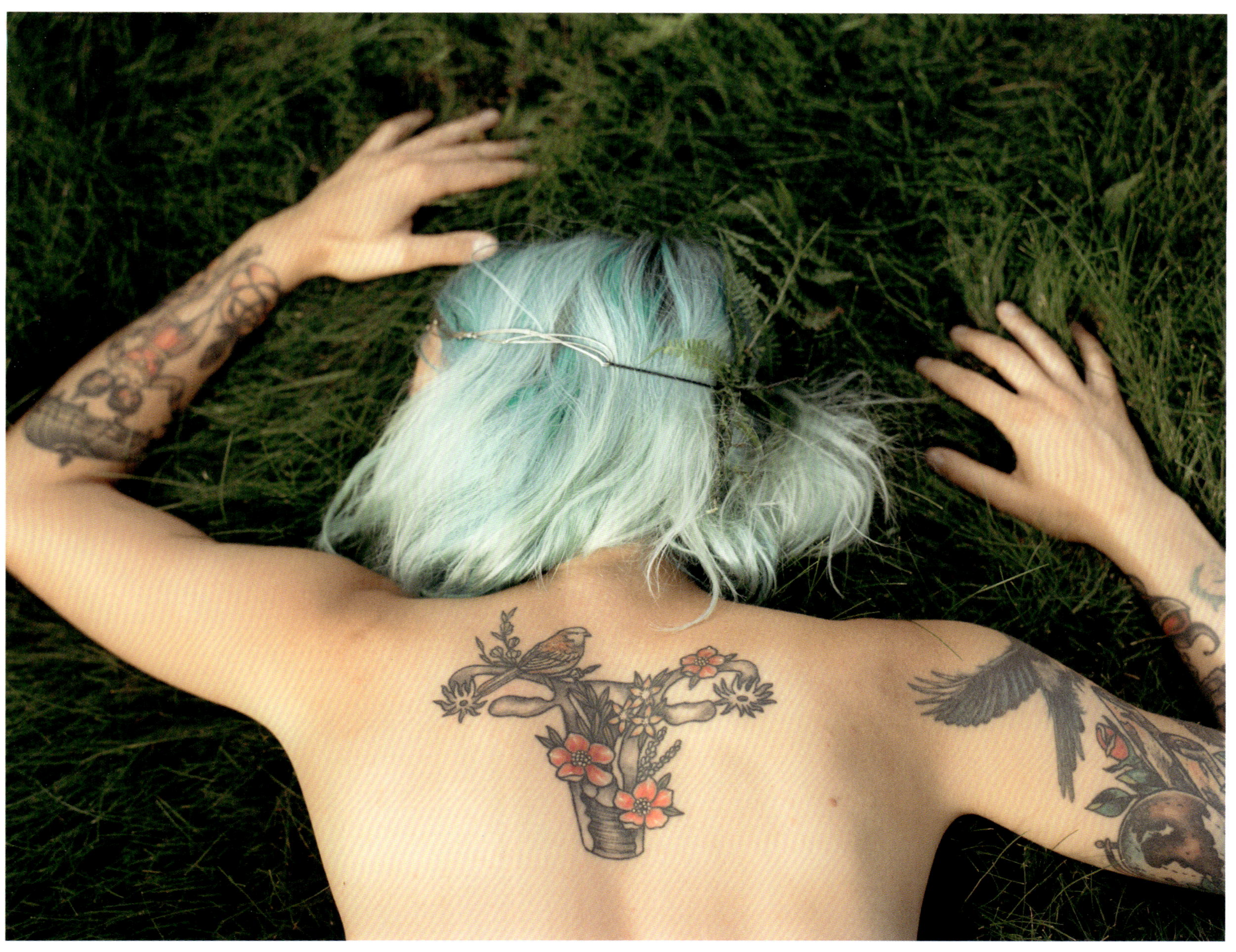

Jacqui's womb tattoo

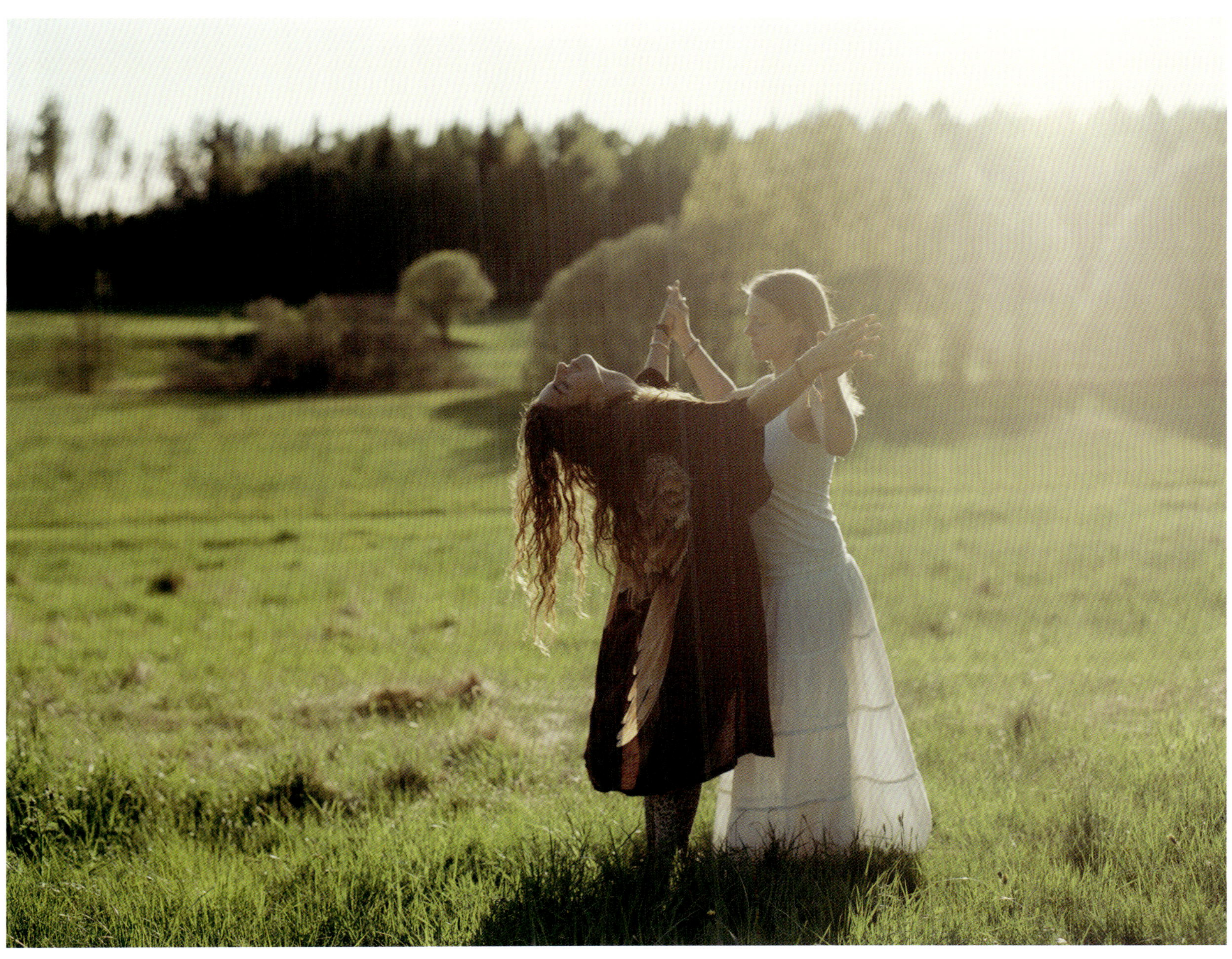

Joana and Bella

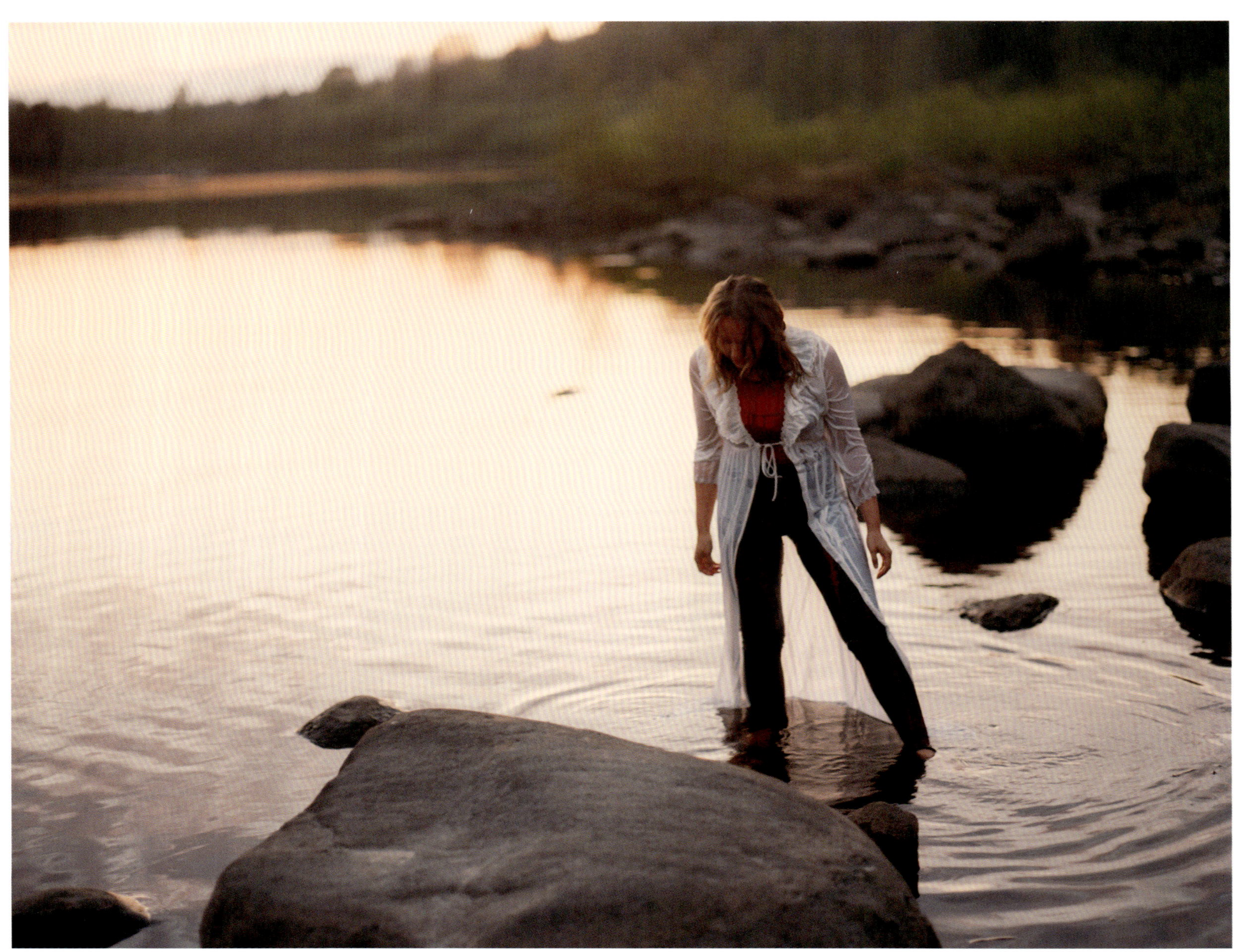

Emmy, Yoni Meditation

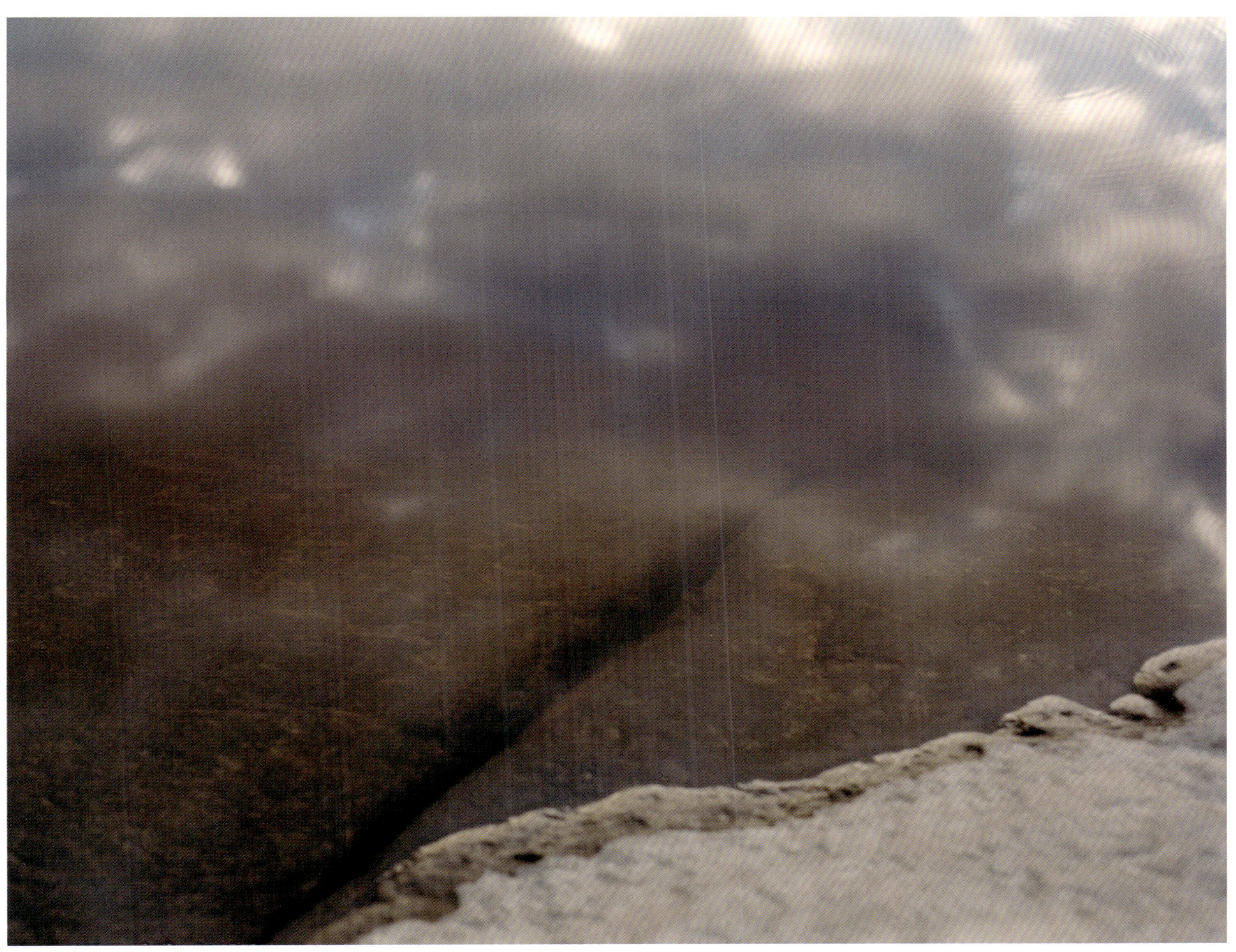

Yoni Meditation

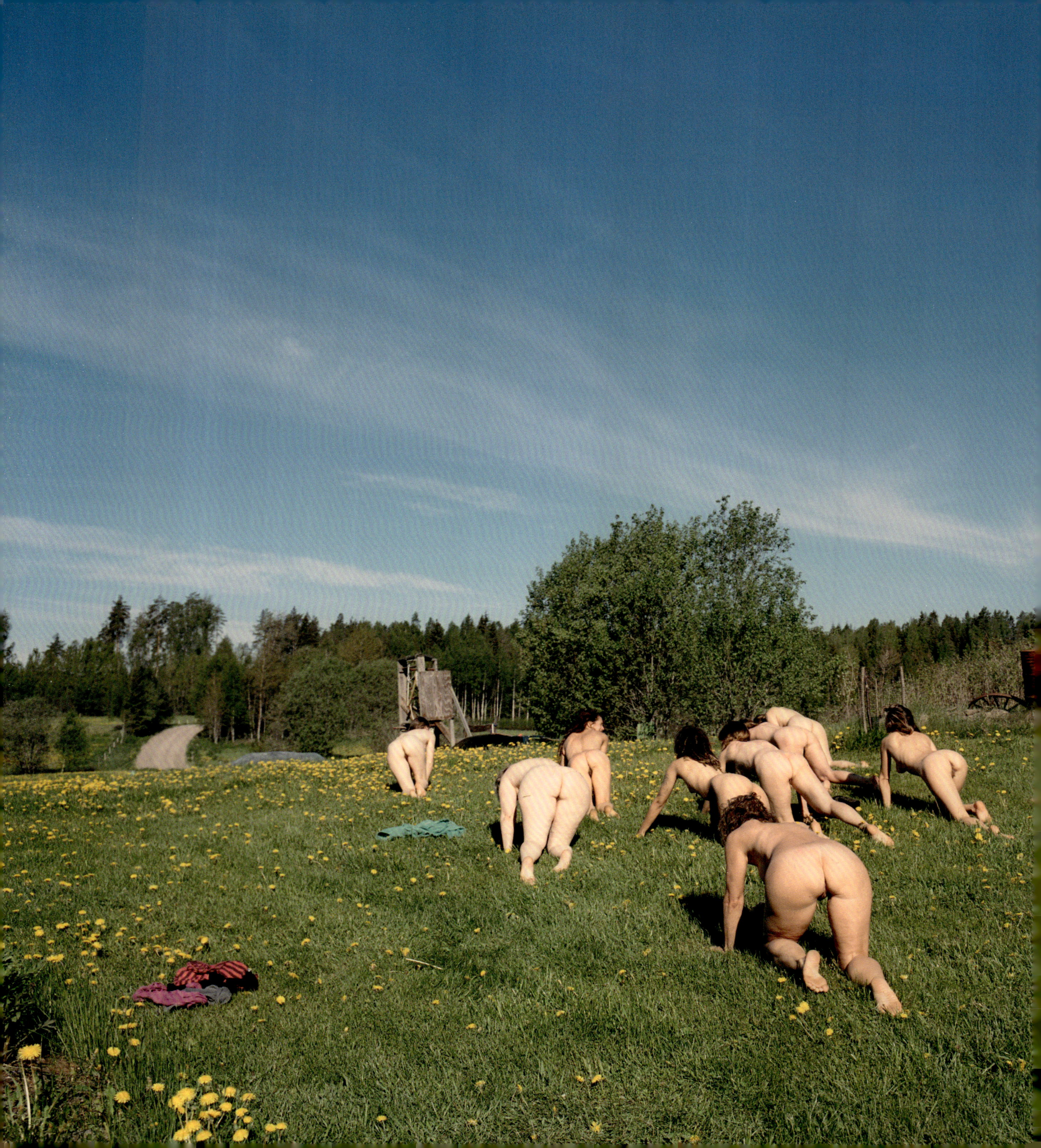

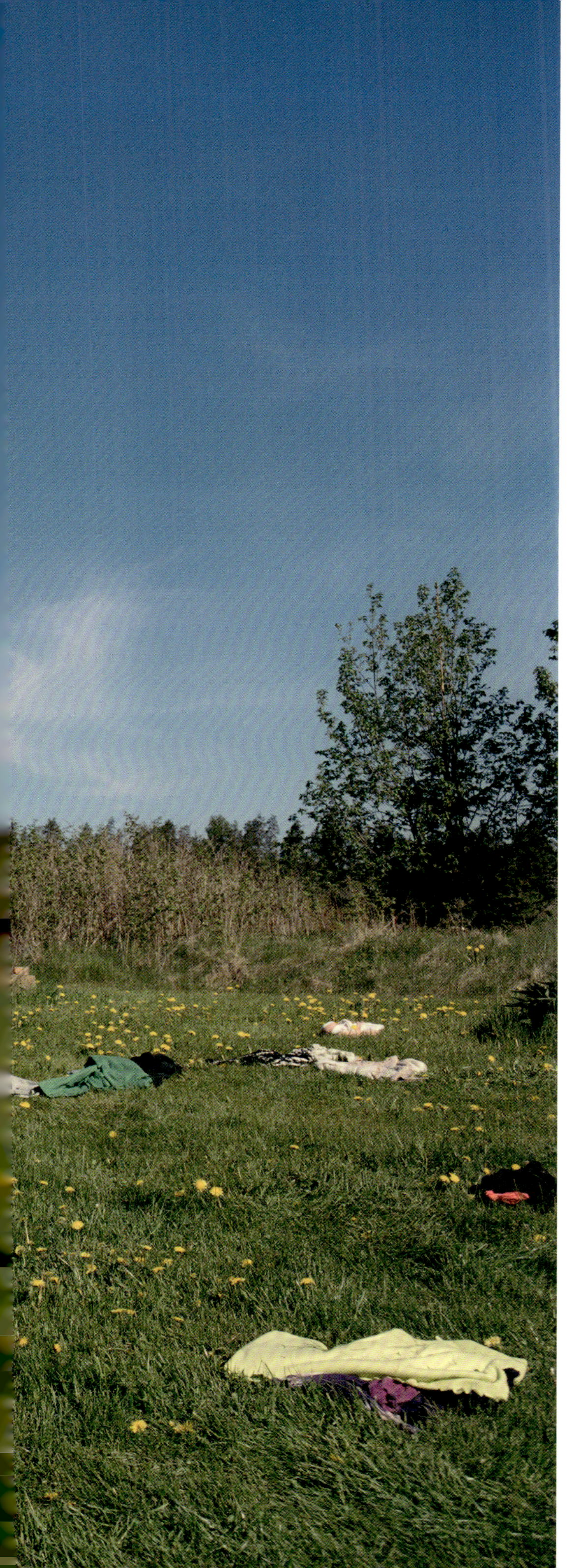

Sensual Nature Nurture I

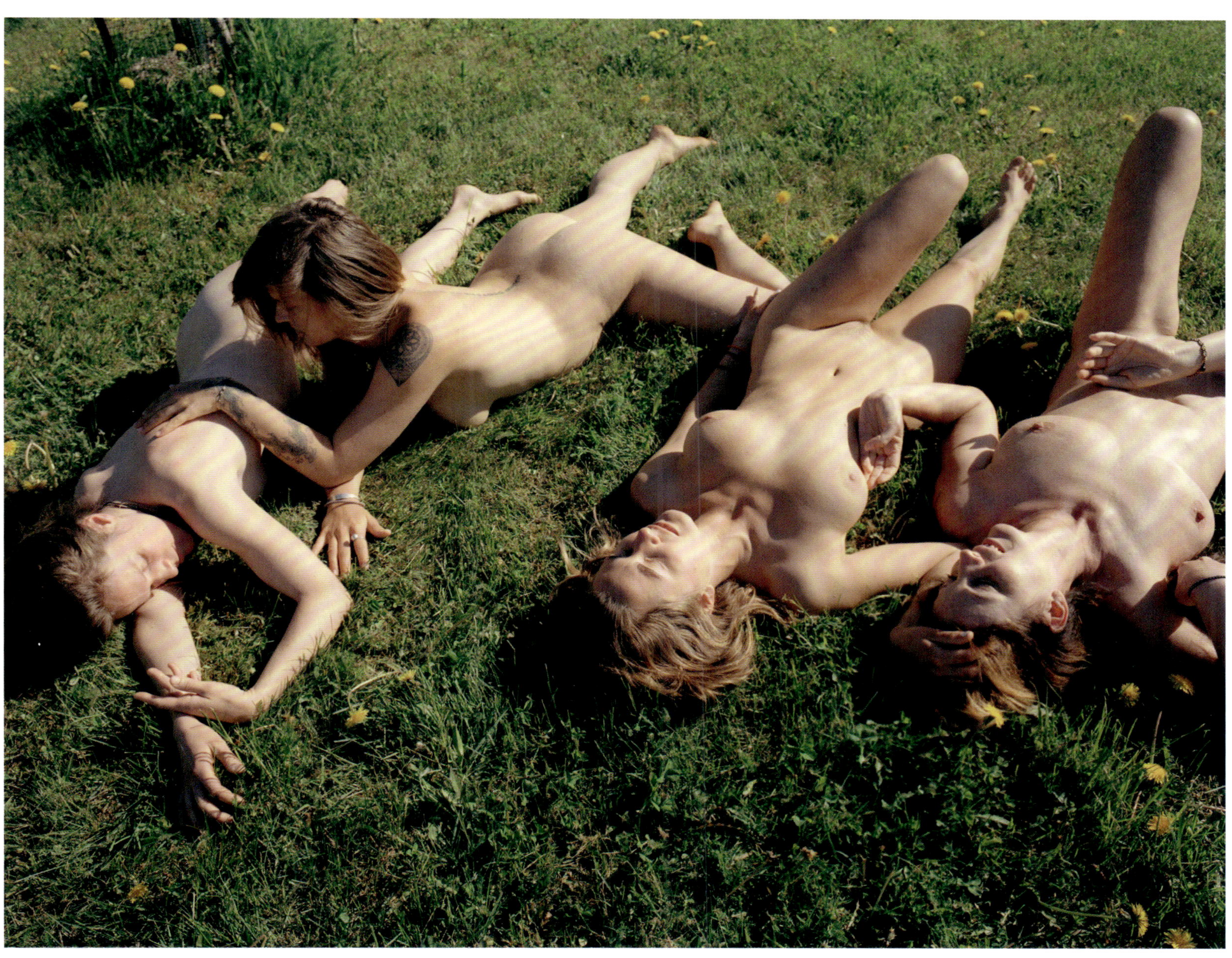

Sensual Nature Nurture II

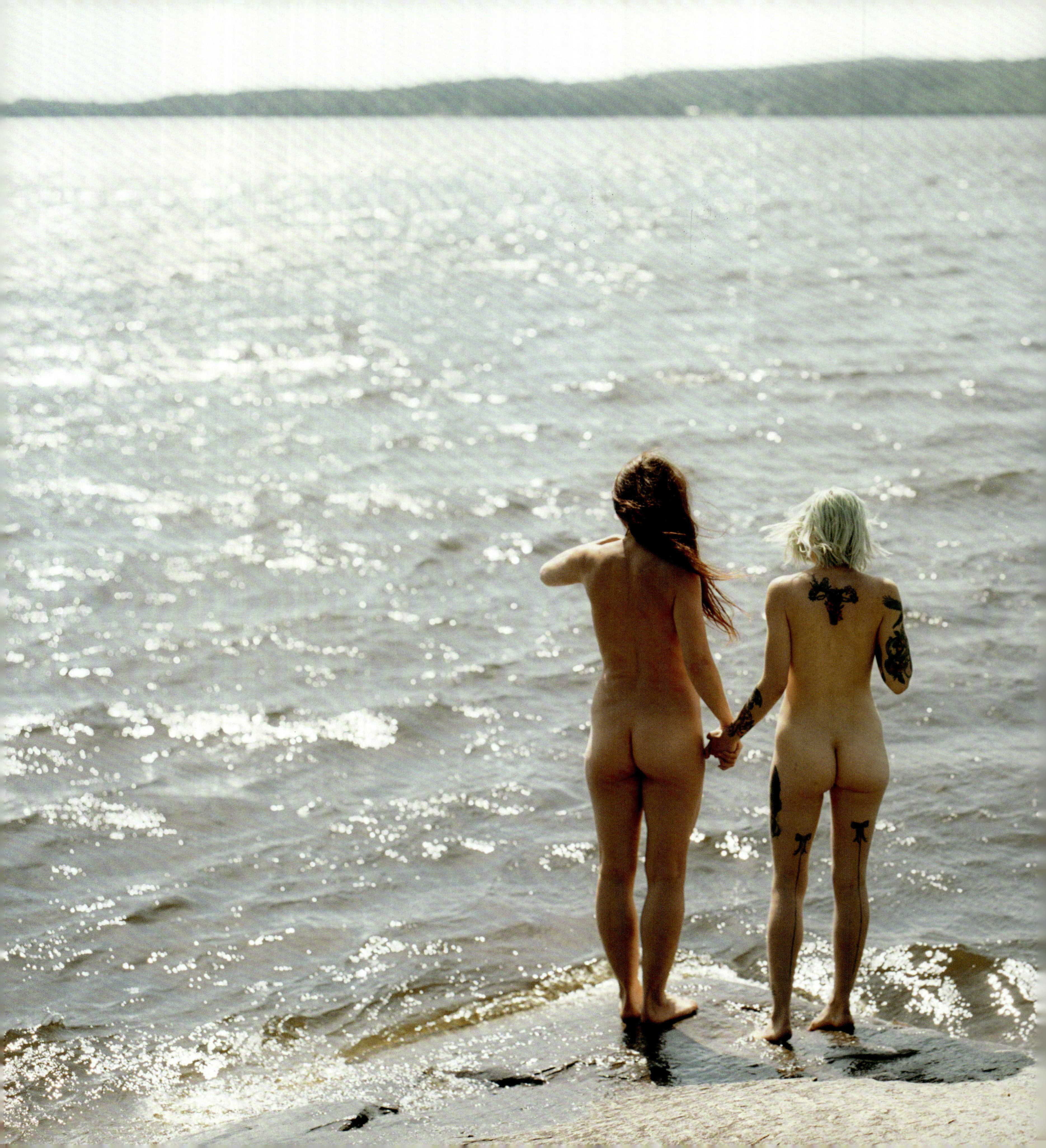

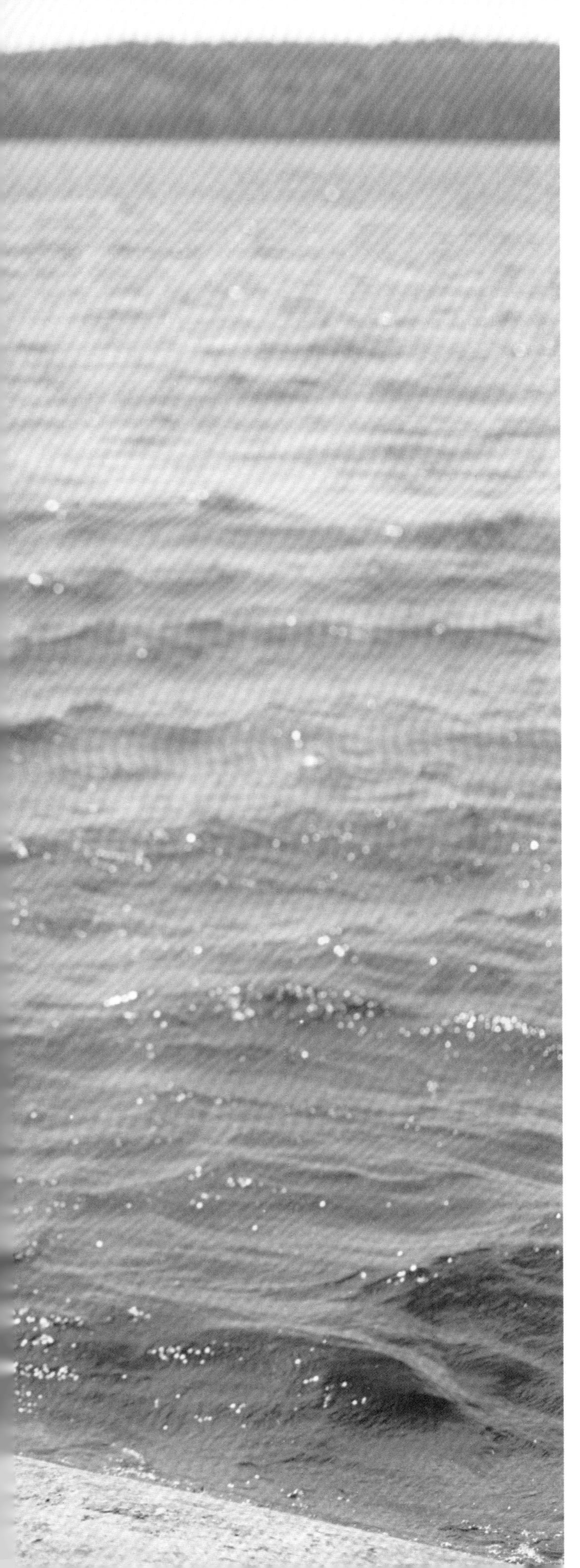

Aum and Jacqui

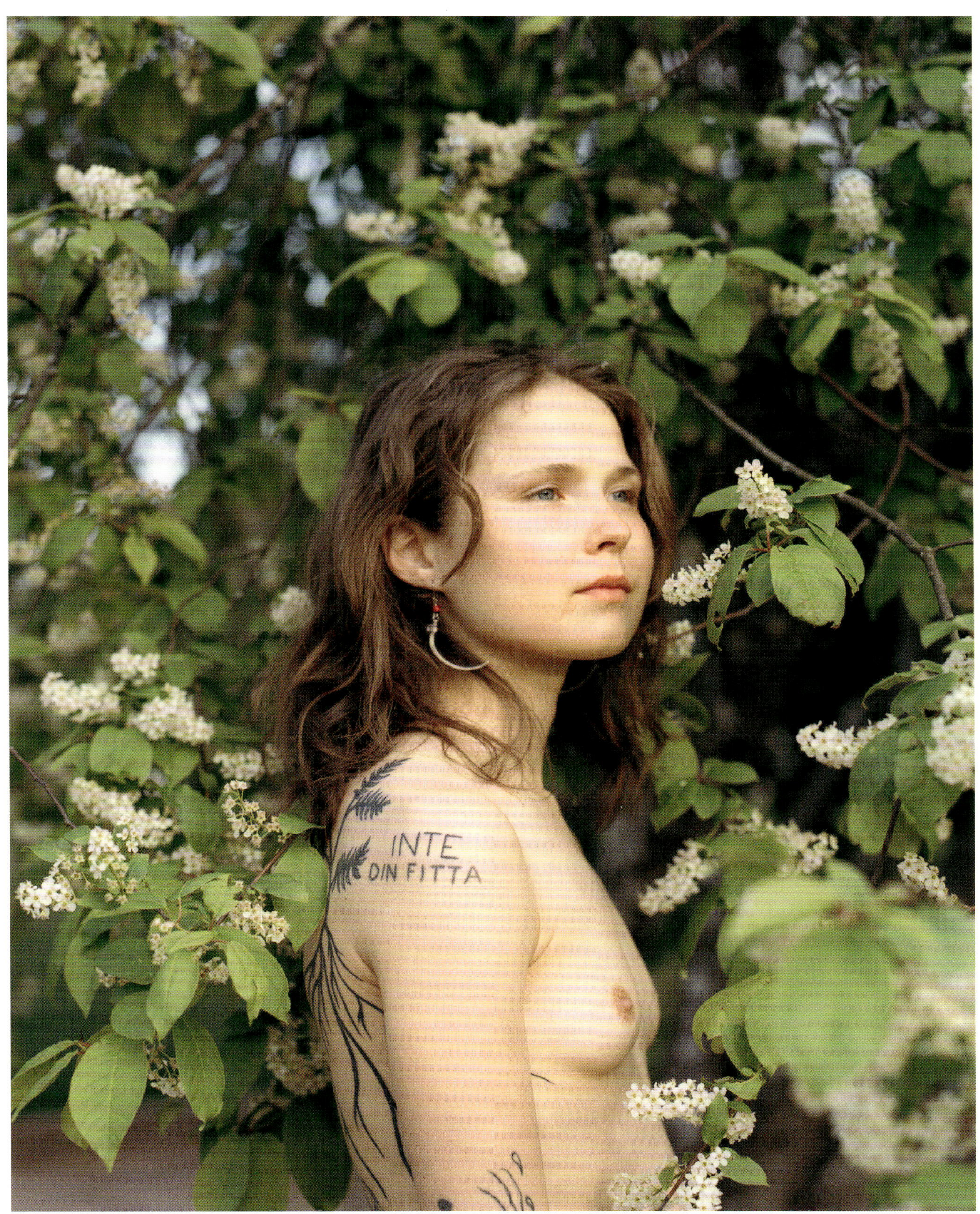

Hannah-Maria (Not Your Pussy)

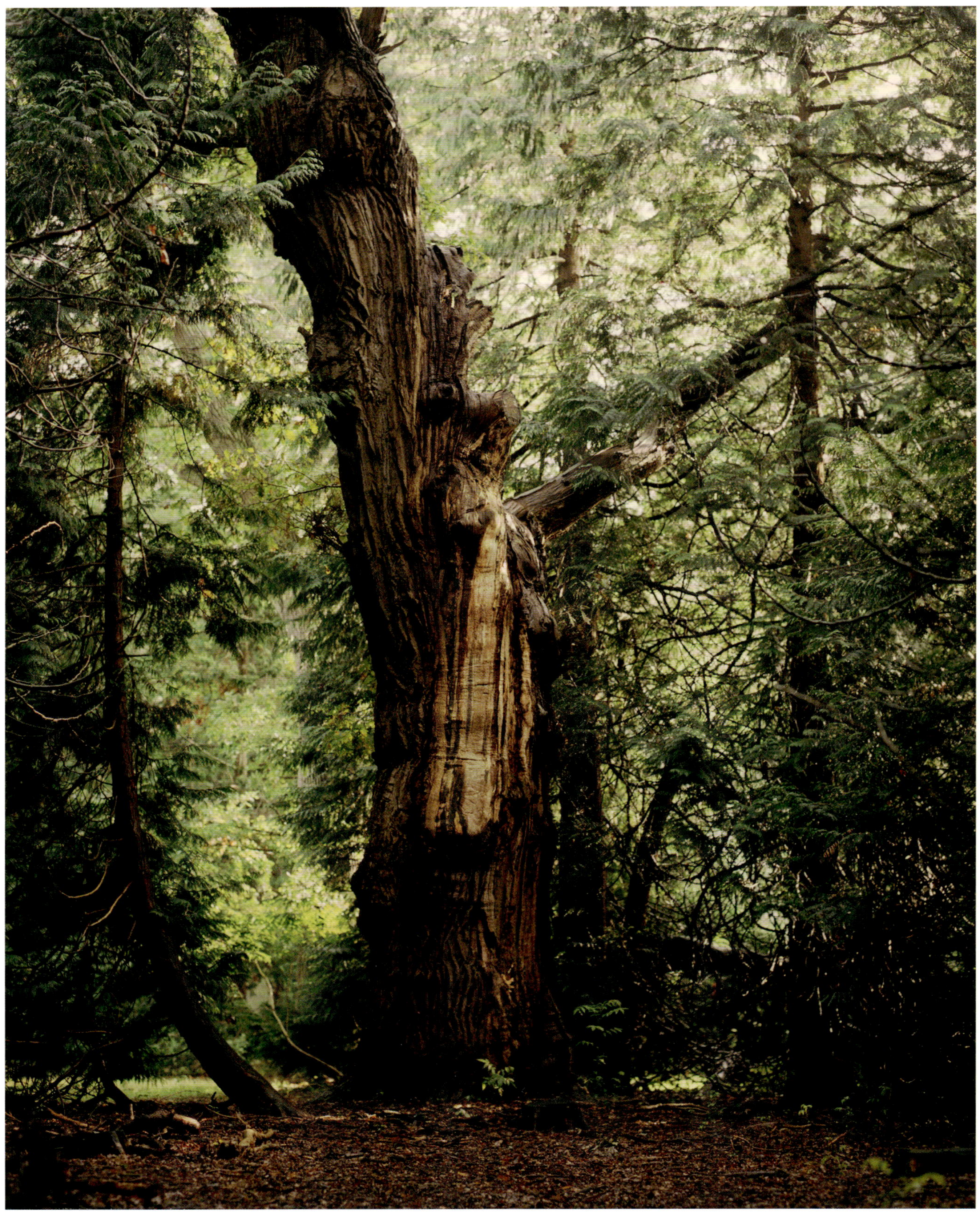

The Goddess Tree

THE MOTHER

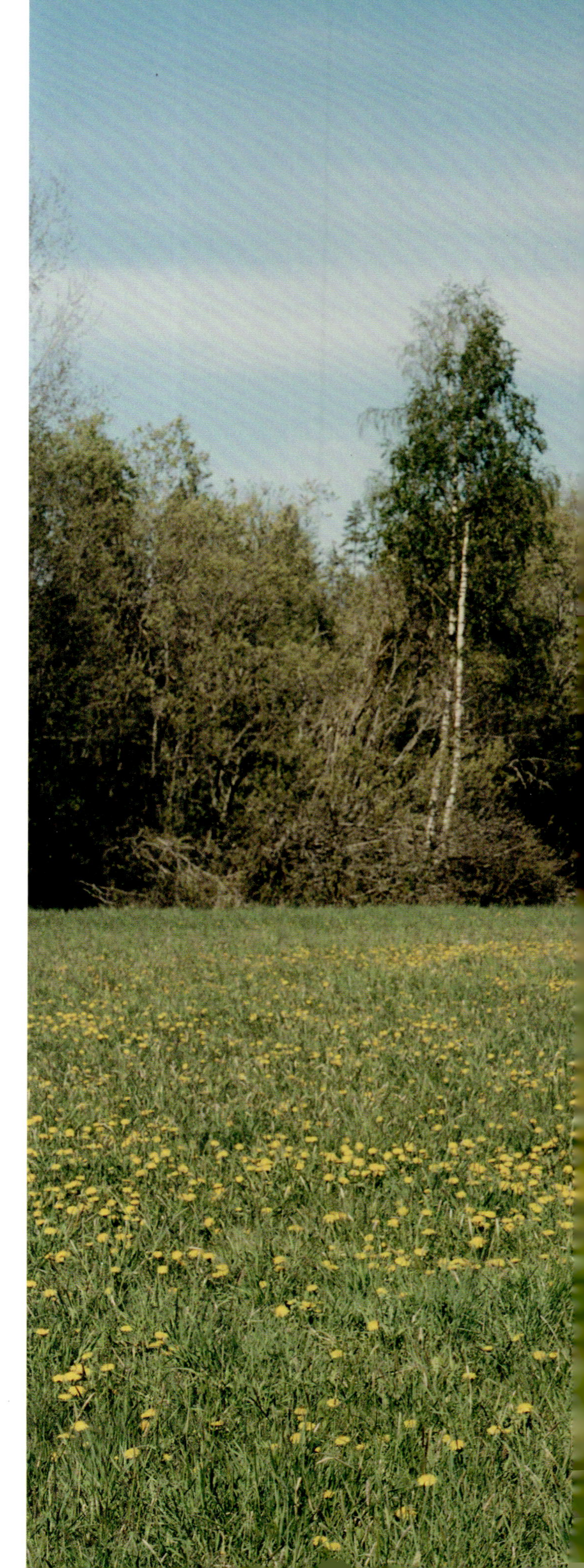

Felicia I

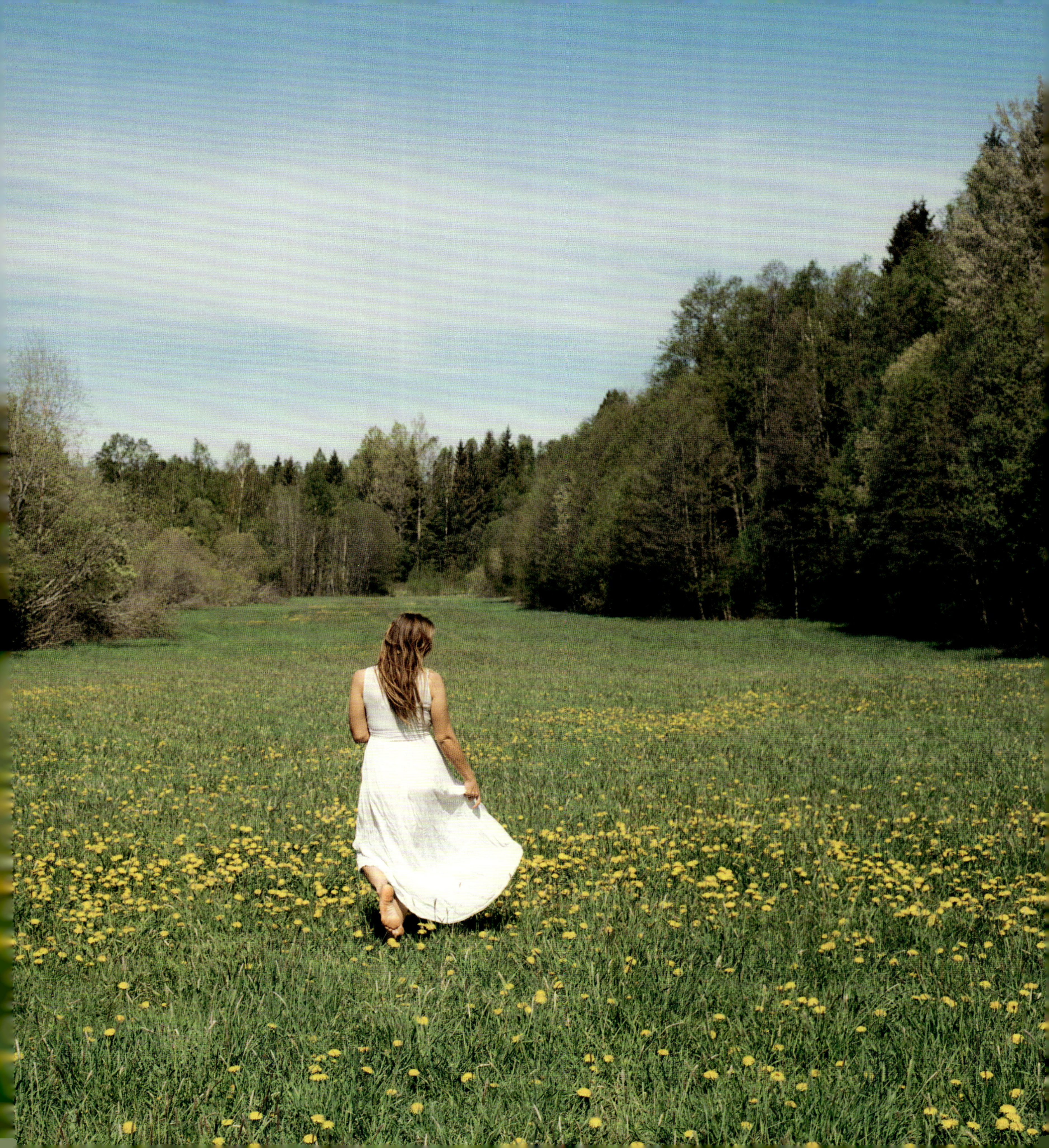

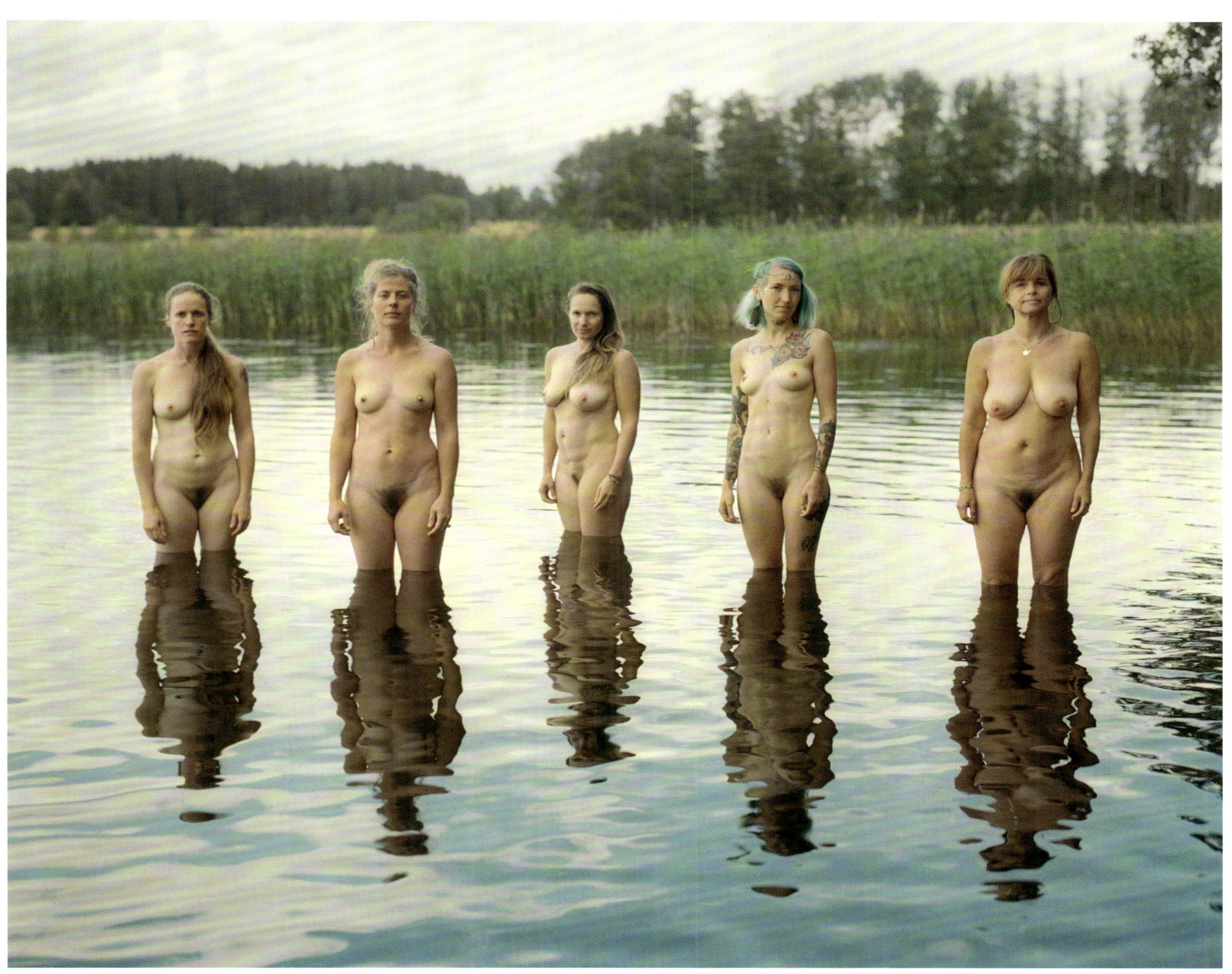

Sacred Women's Retreat

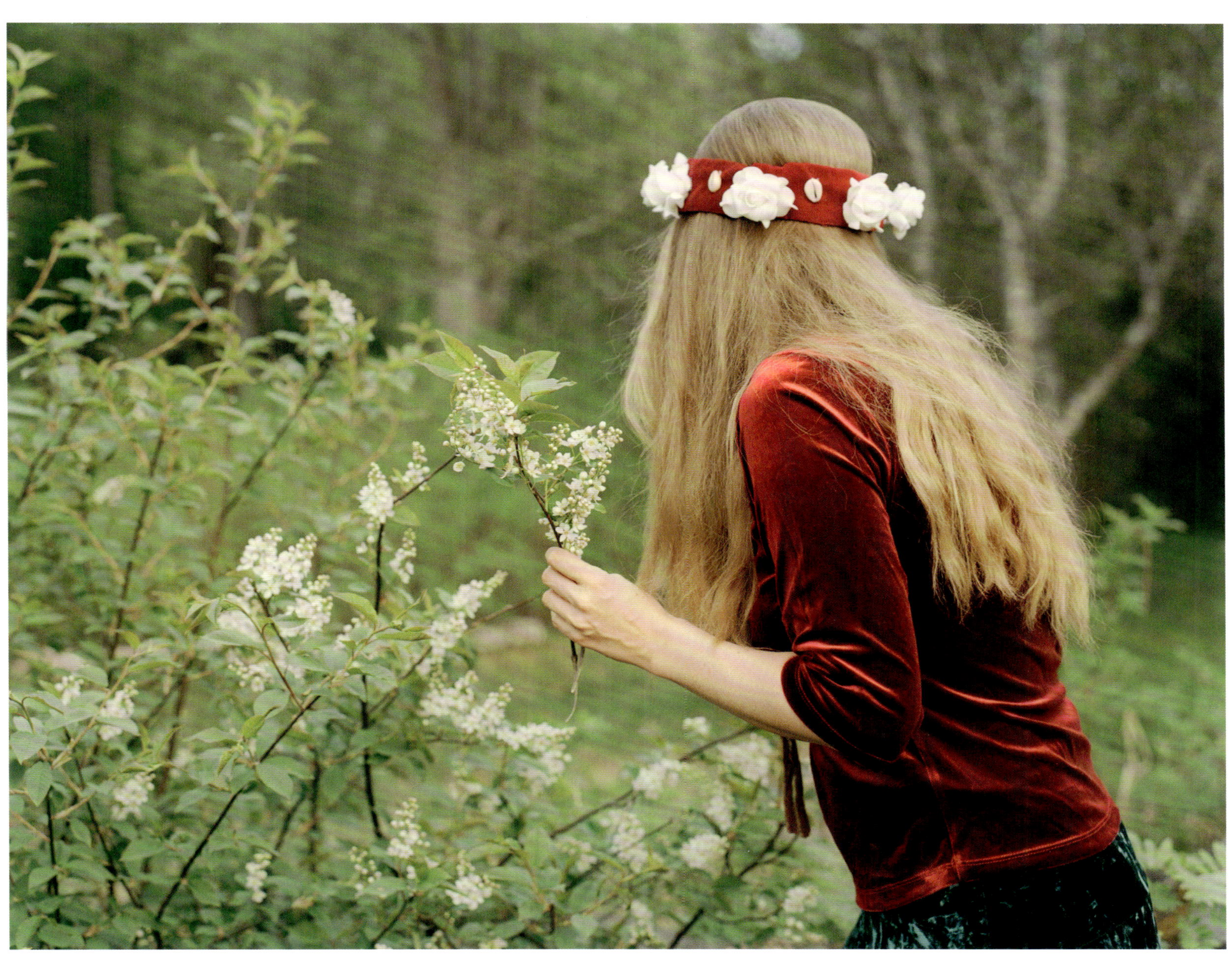

Love Priestess Camilla

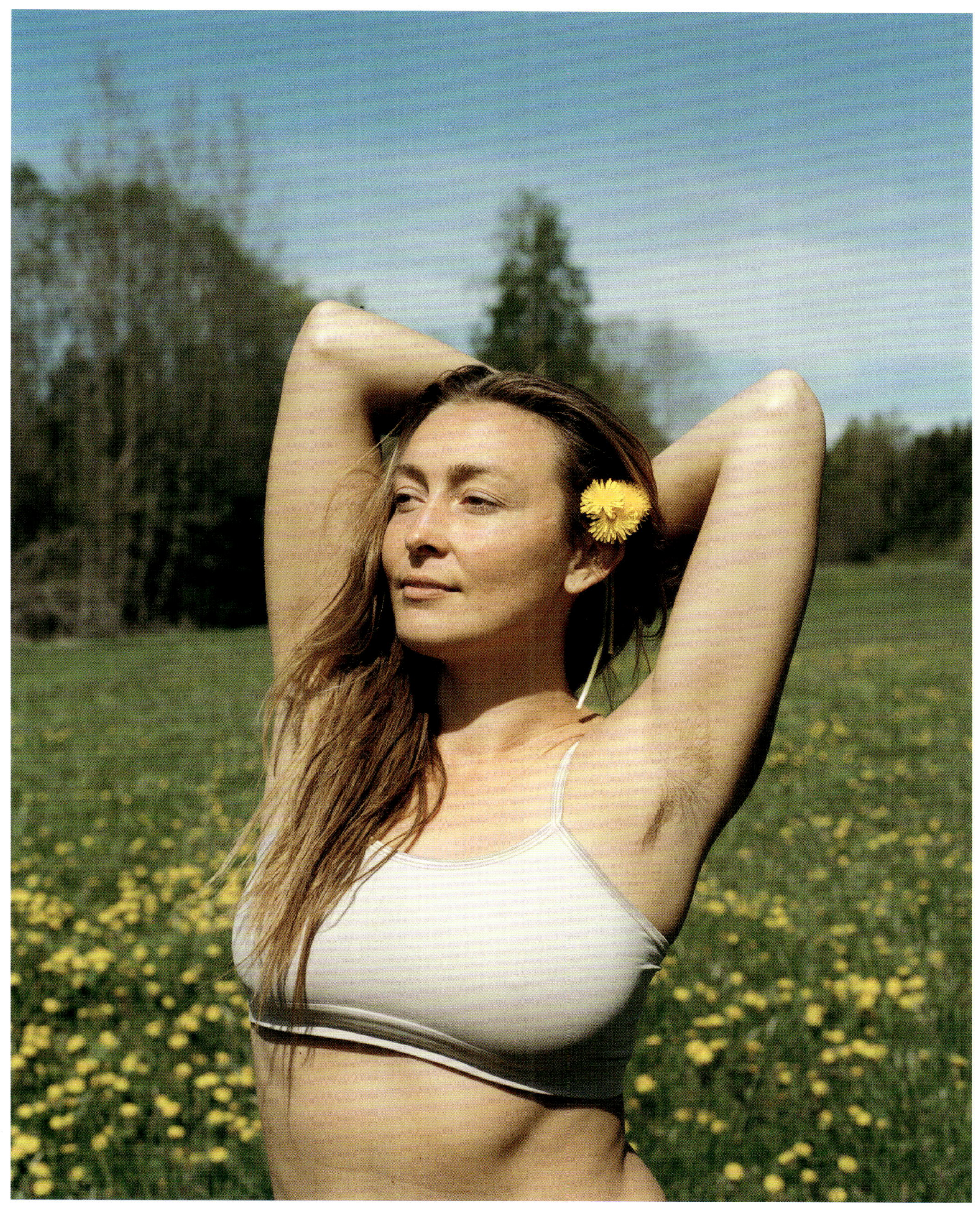

Felicia II

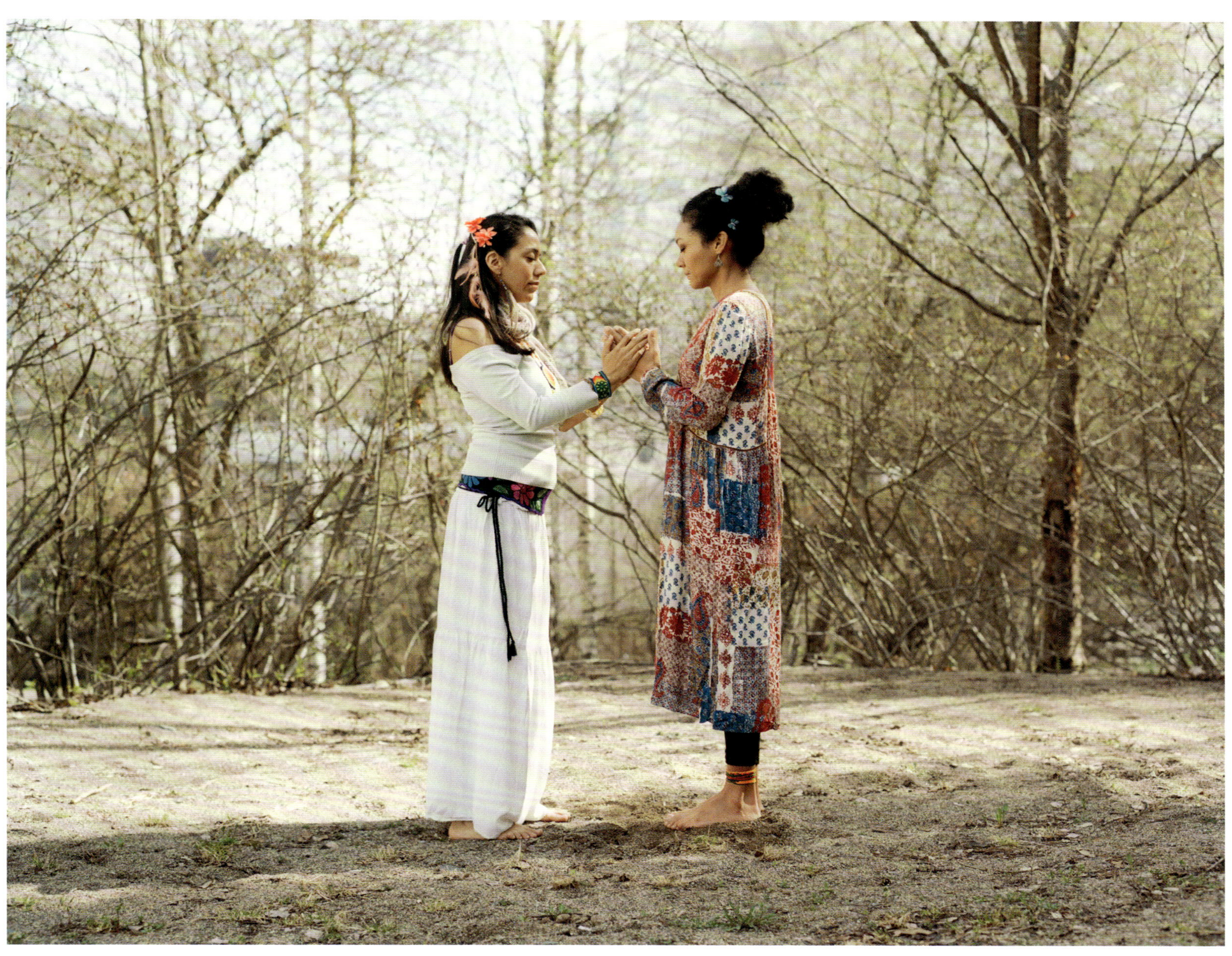

Moon Mothers Brenda and Jerica

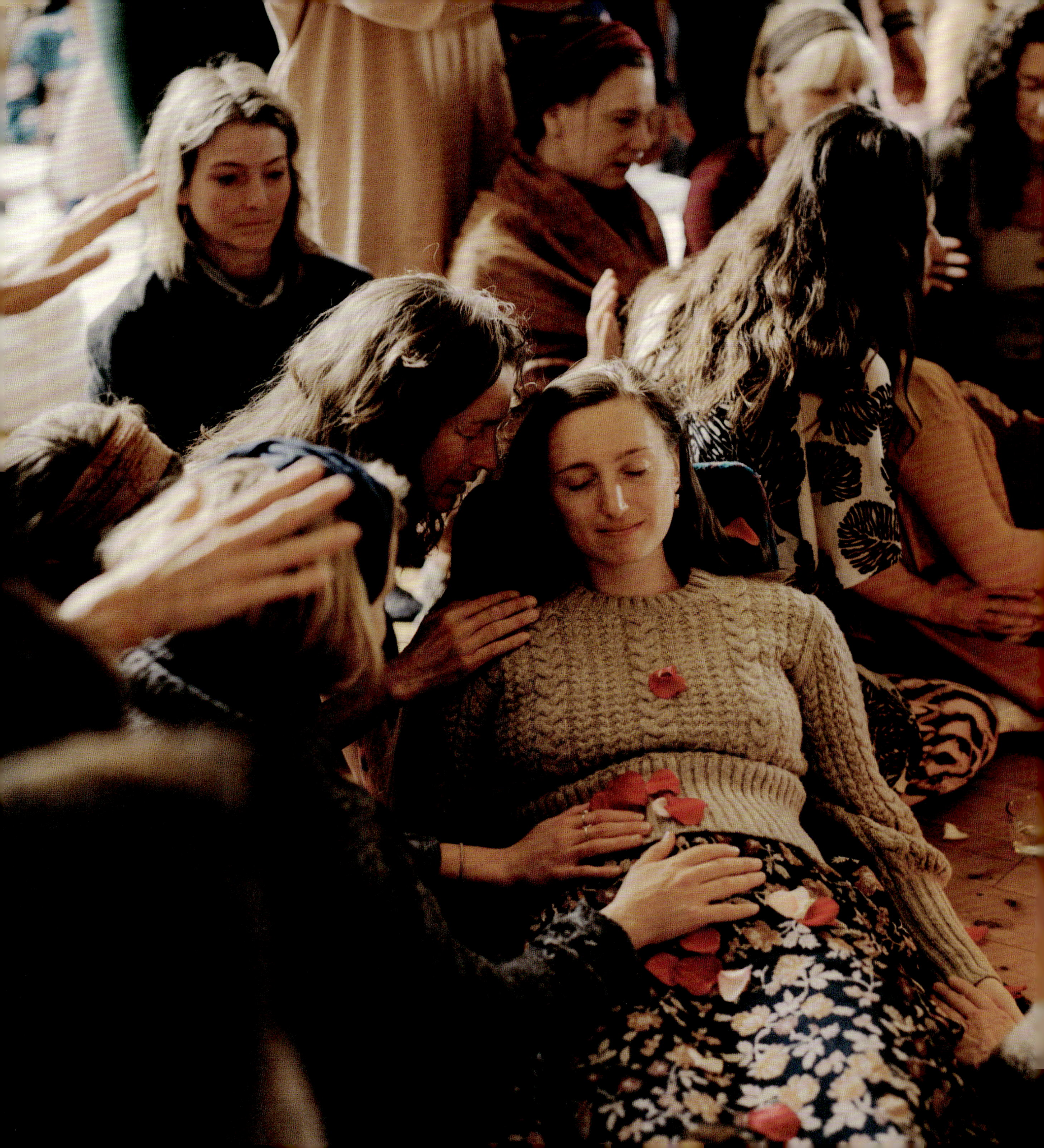

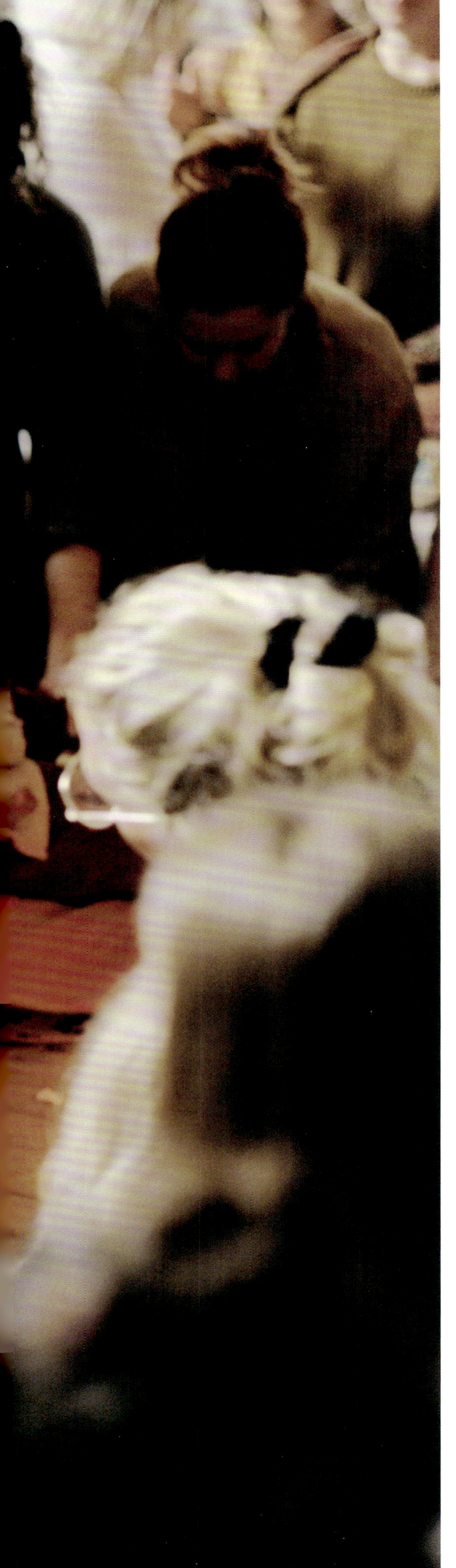

Mother Blessing Ceremony

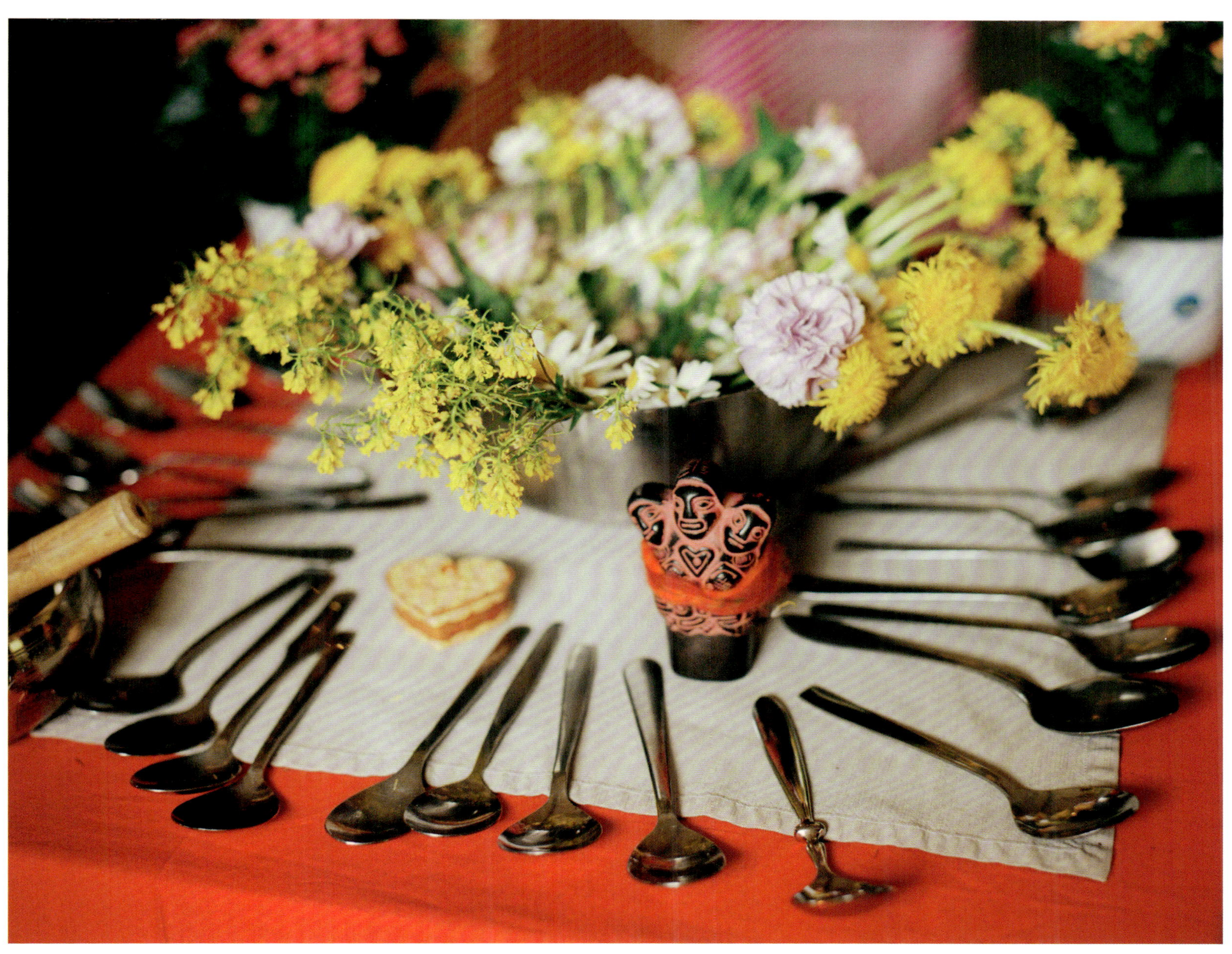

Altar, Womb Blessing Ceremony

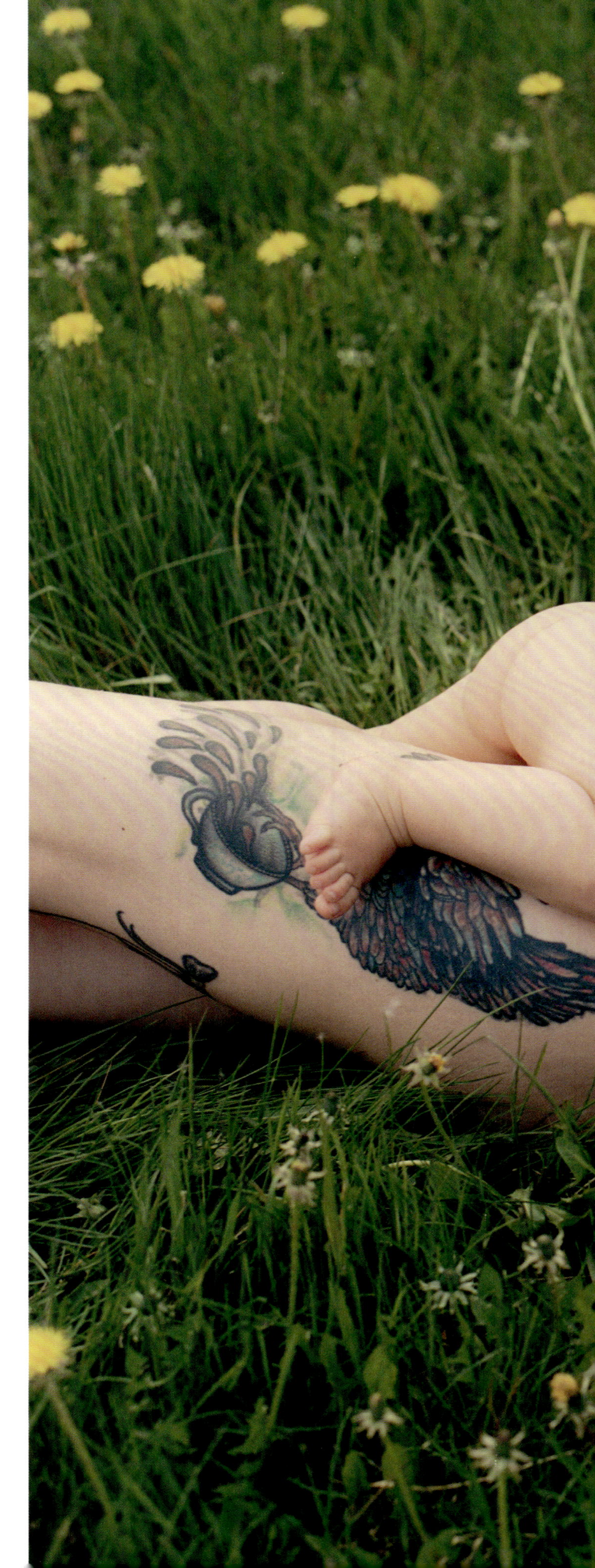

Jacqui and Lumina

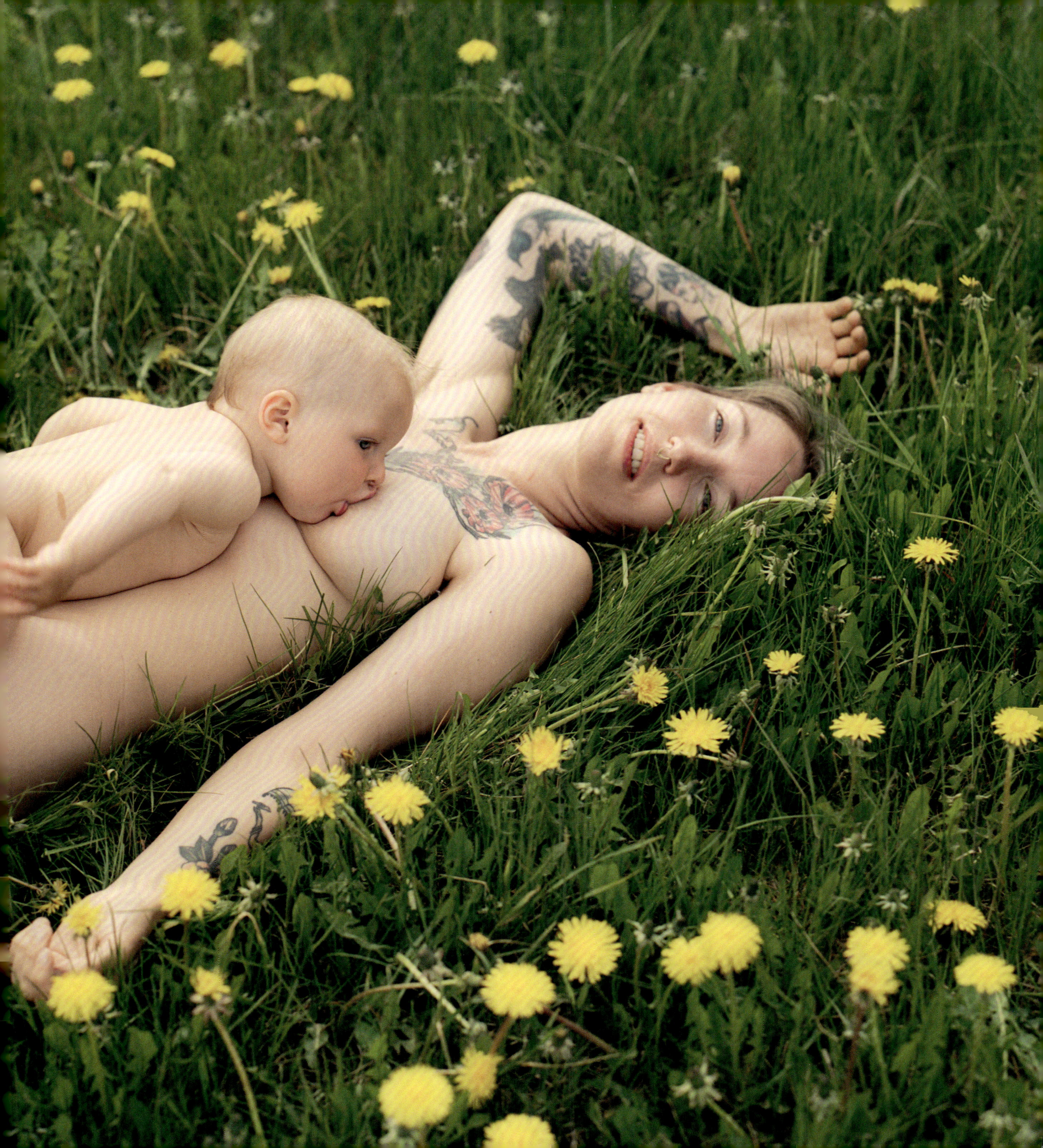

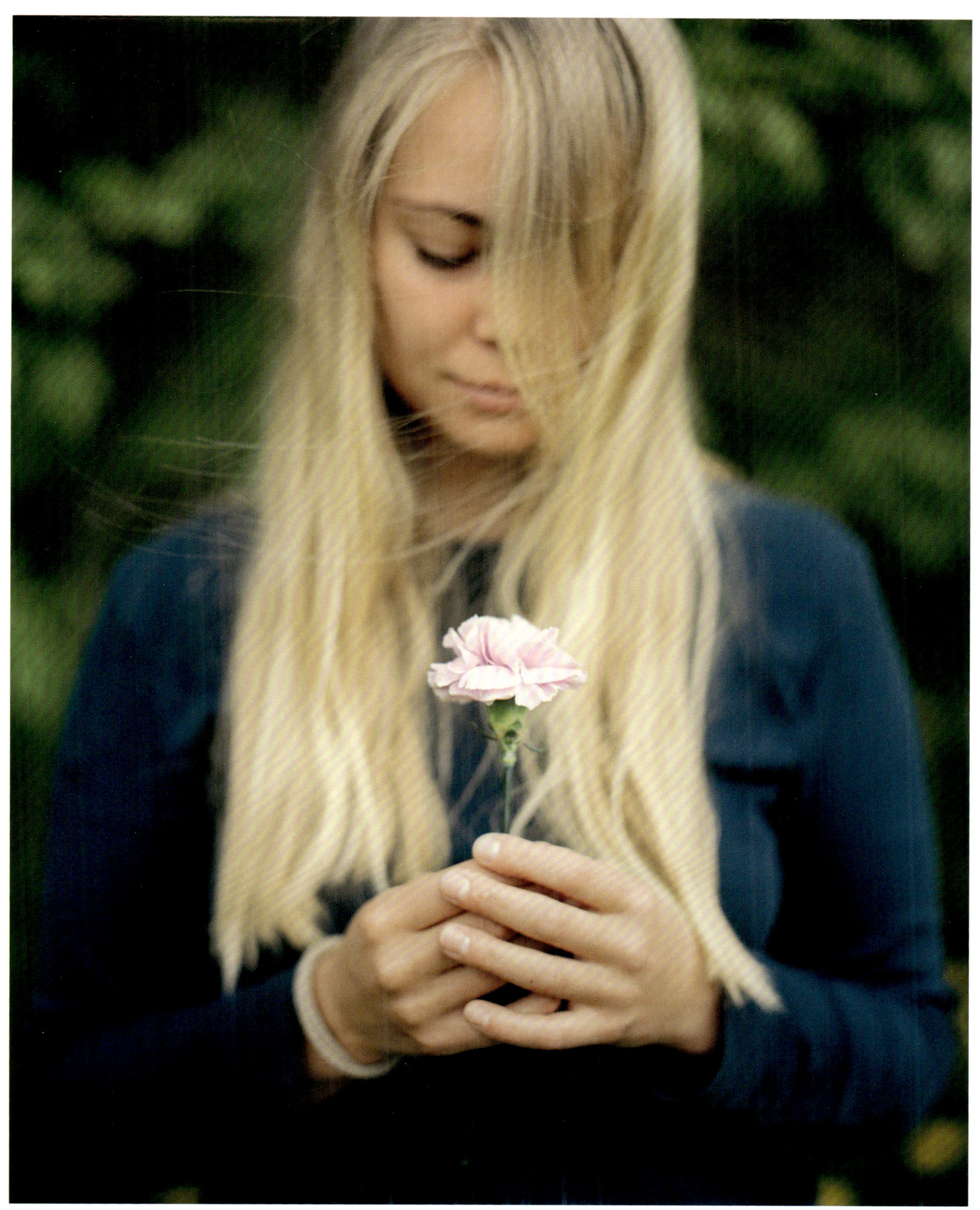

Sarah, Flower of Sexuality

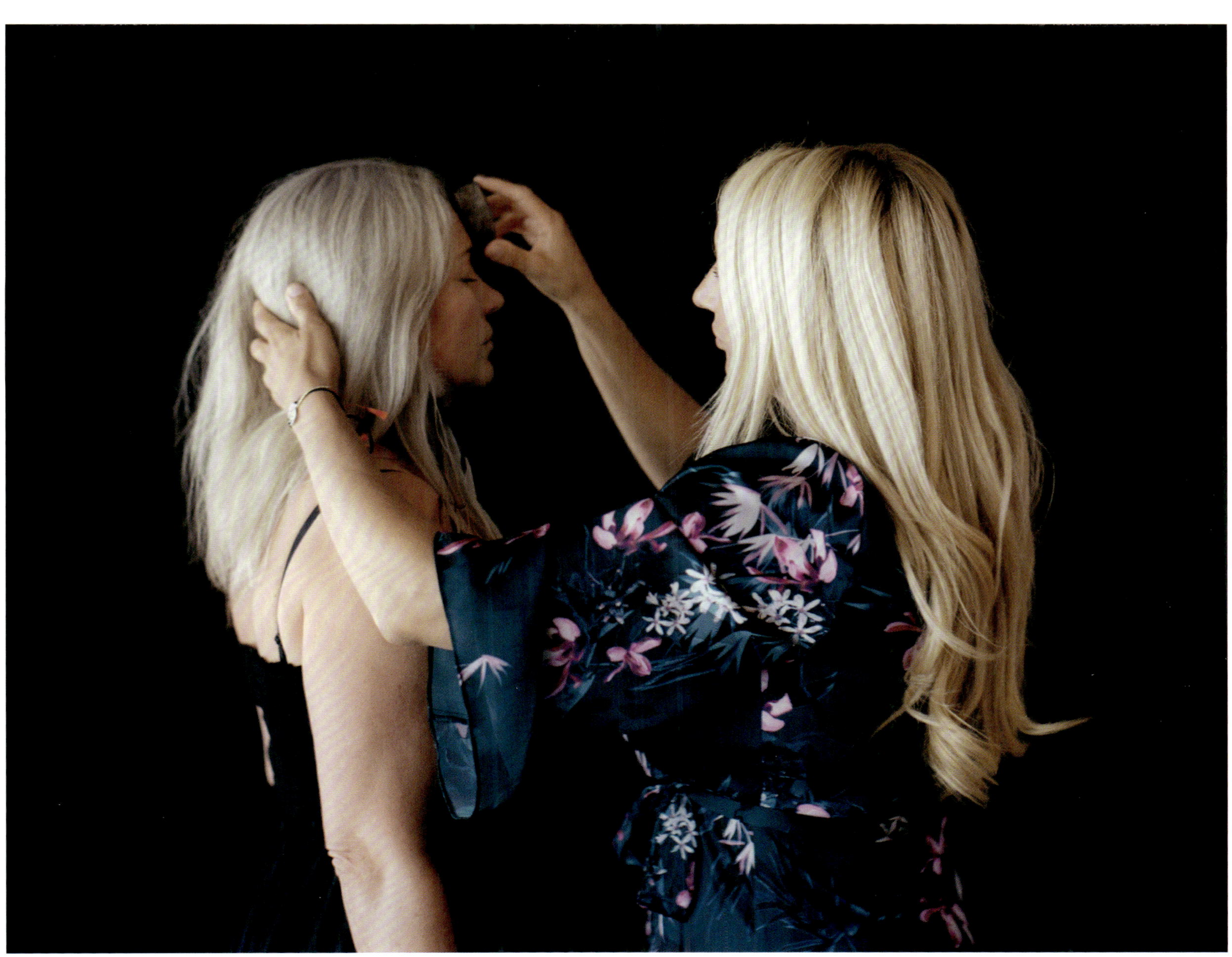

Terese and Shaman Annika, Seers Rite

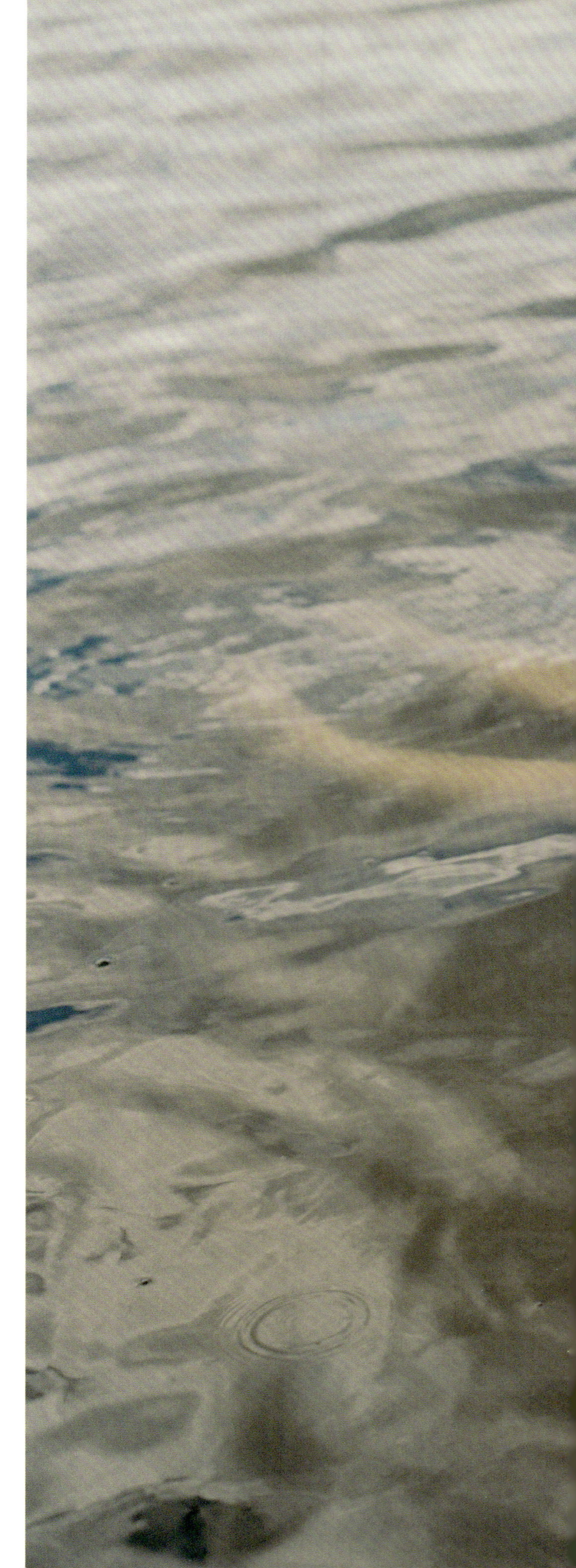

Jeanette

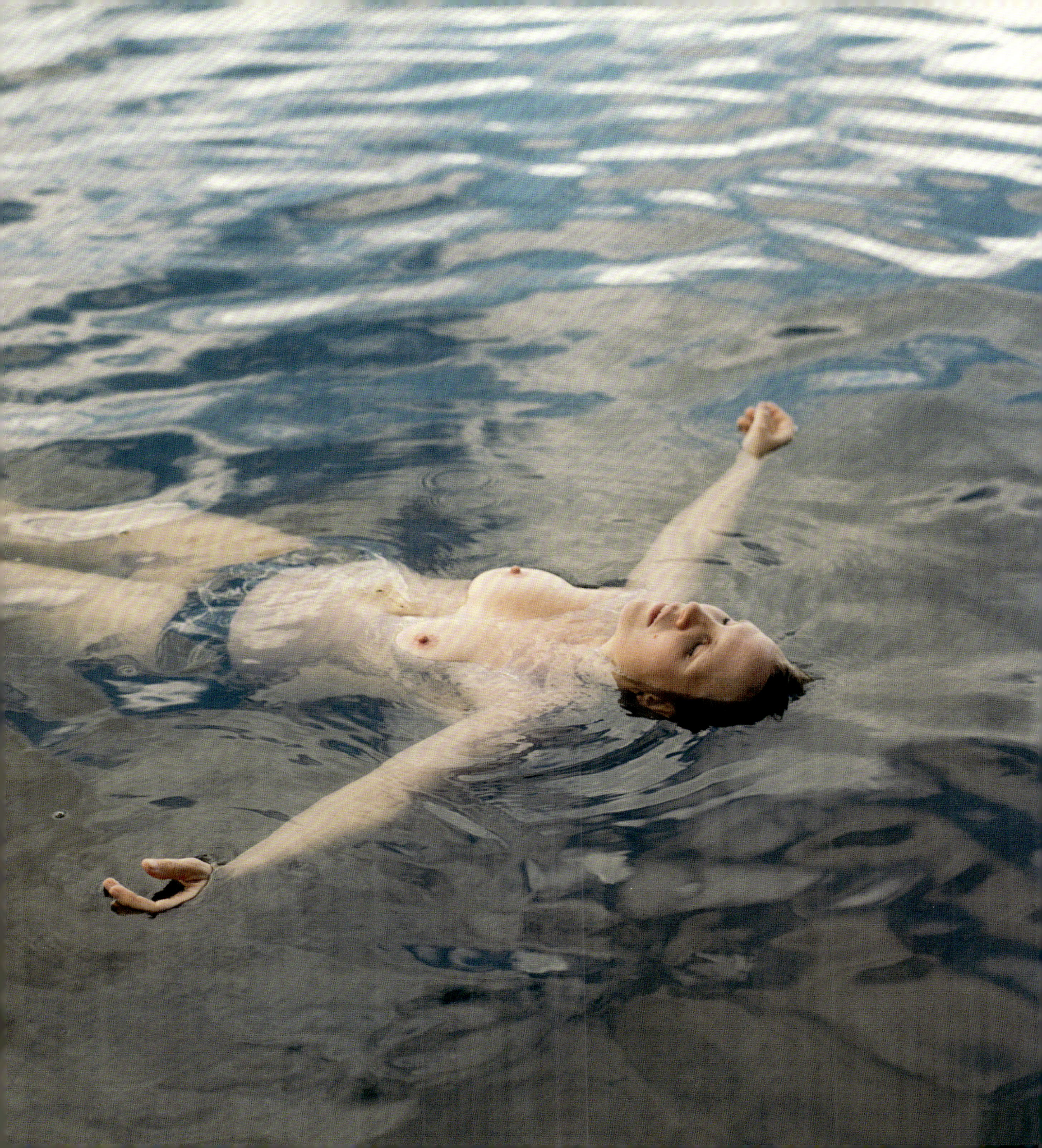

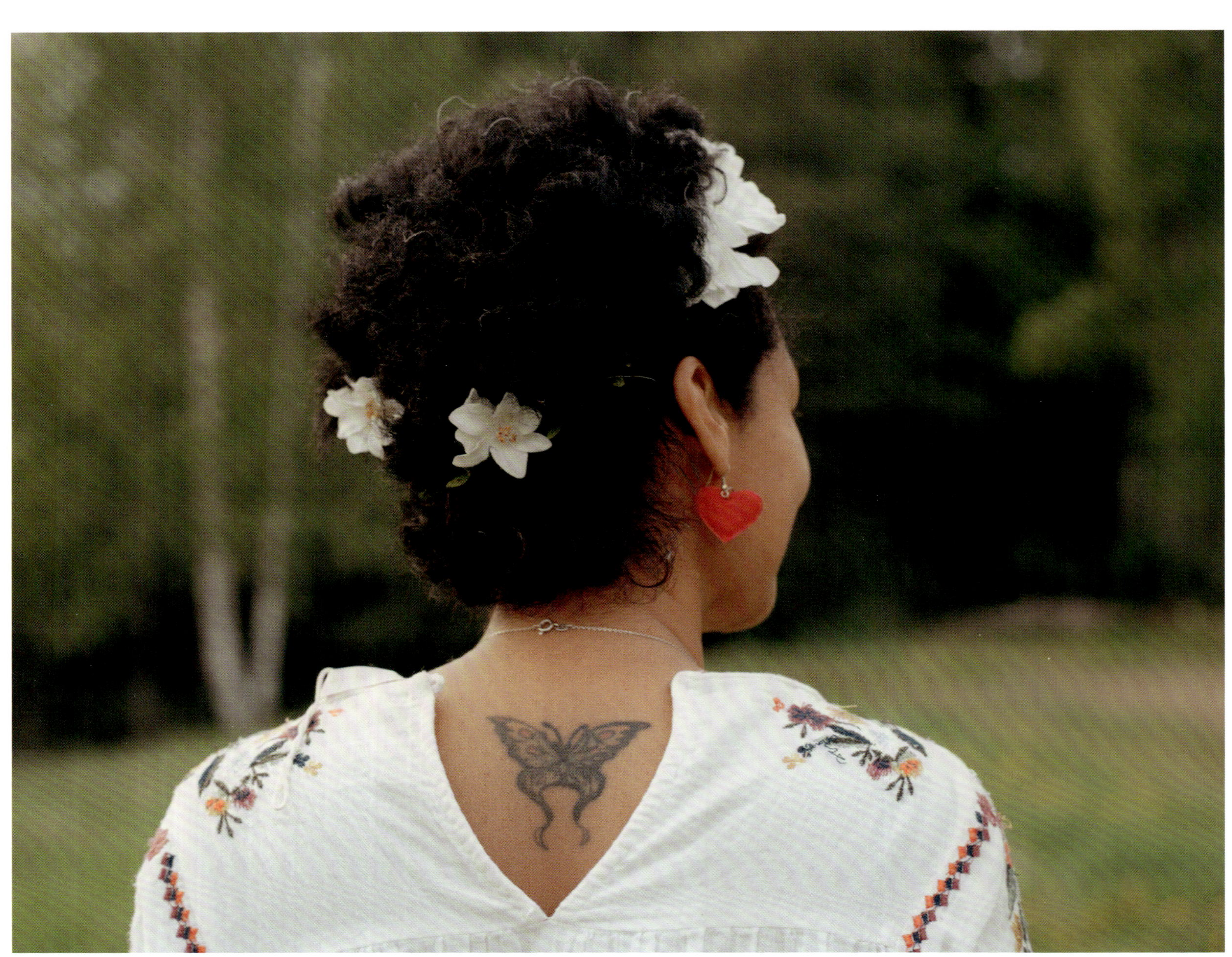

Moon Mother Jerica

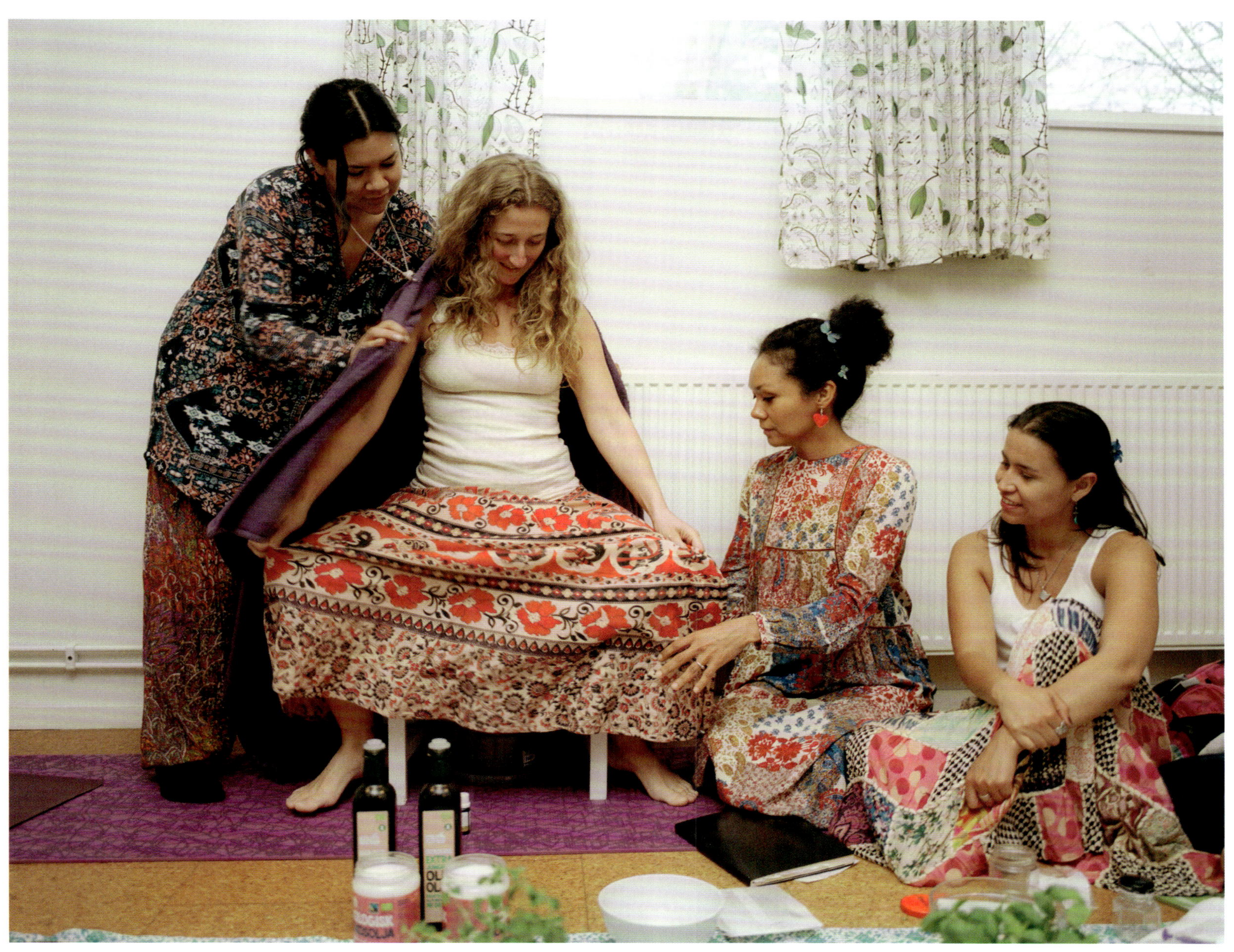

Yoni Steam

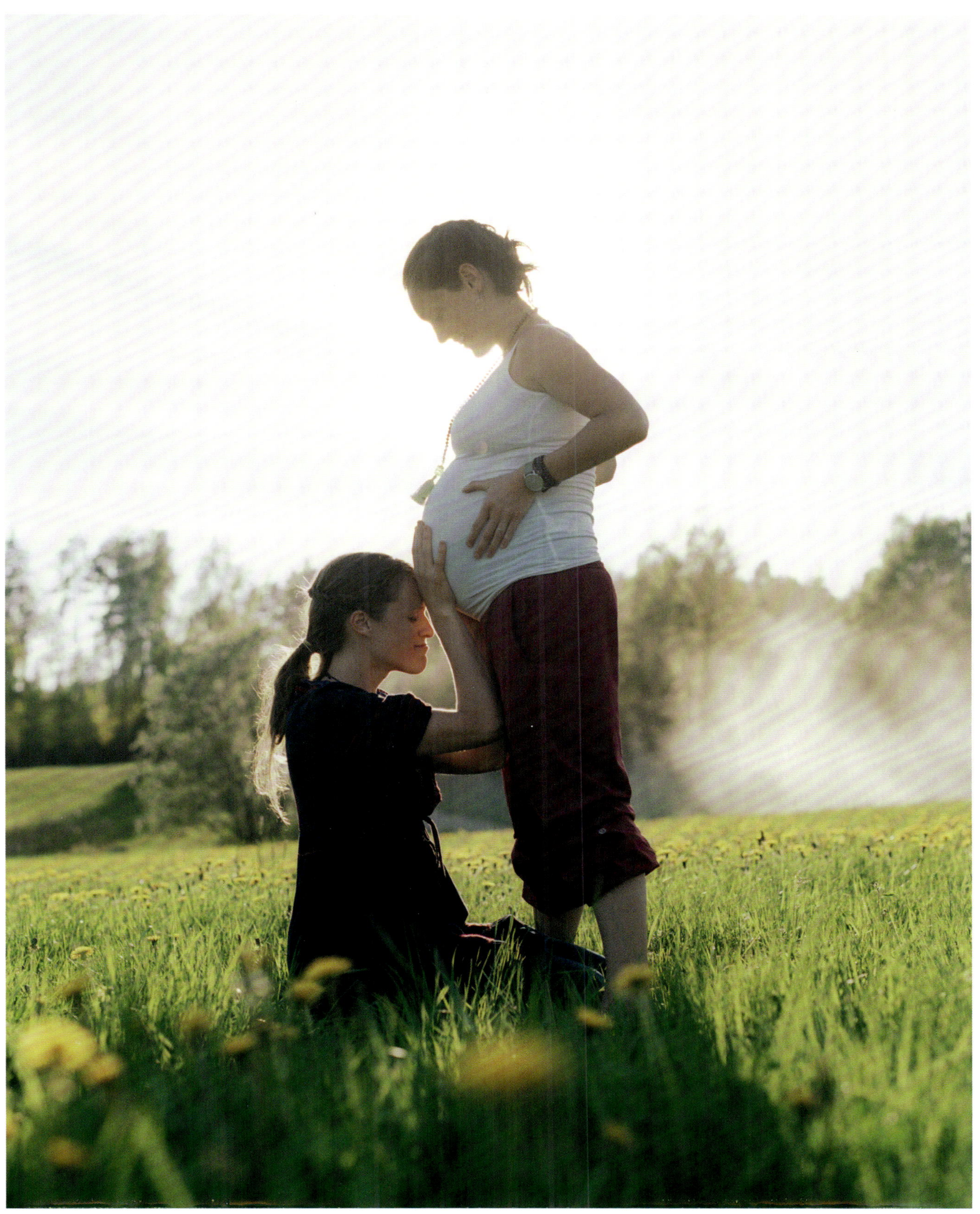

Doula Susannah and Kelsey

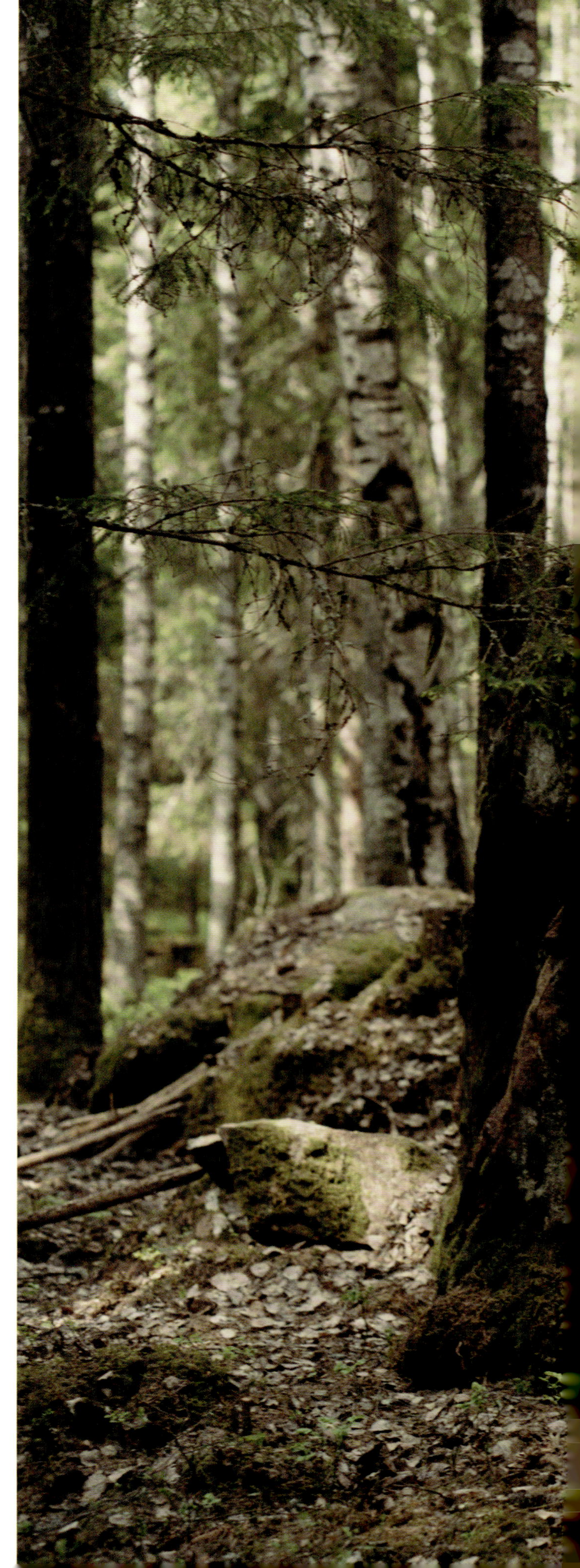

Elin, Mother Earth Yoik

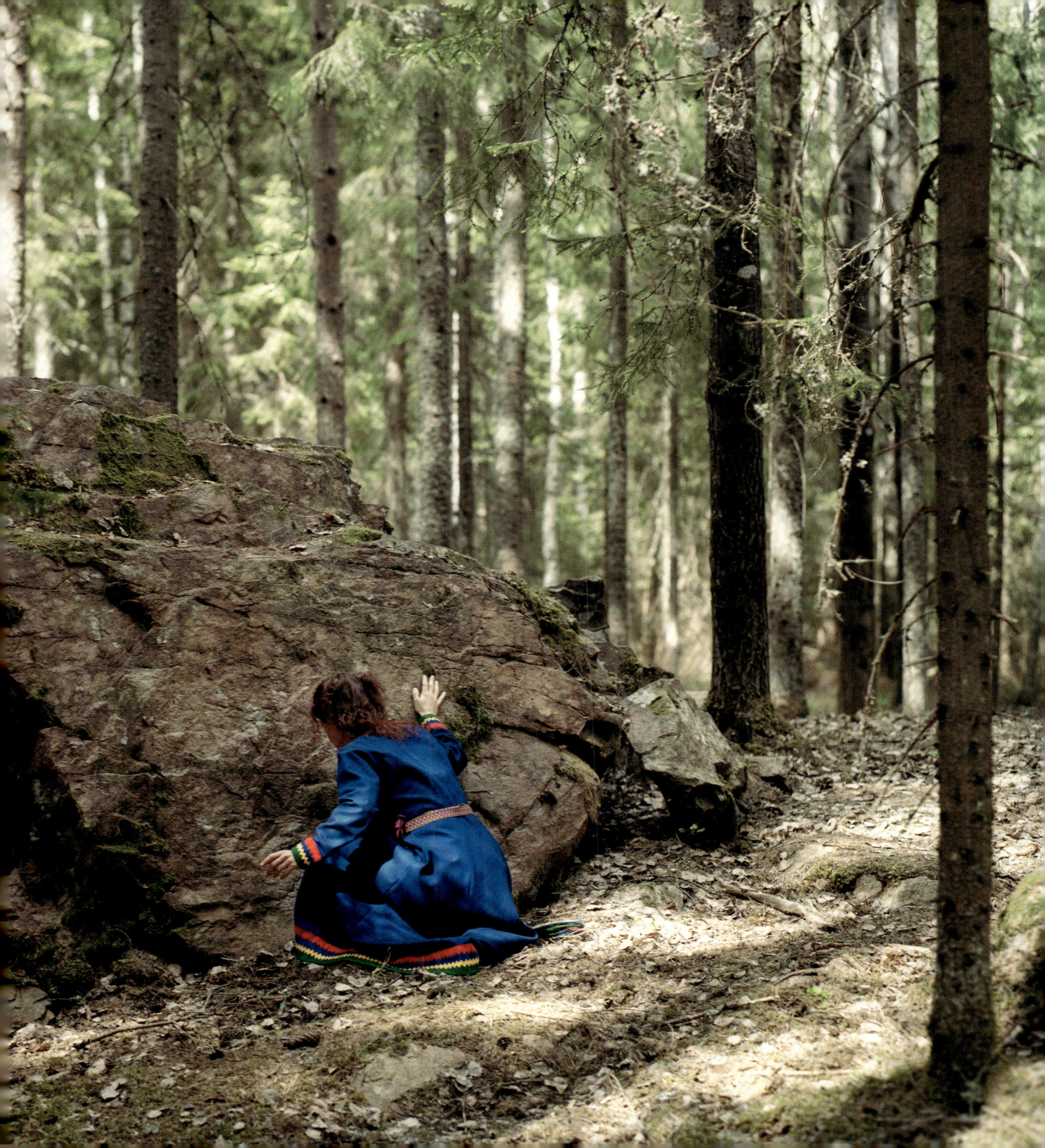

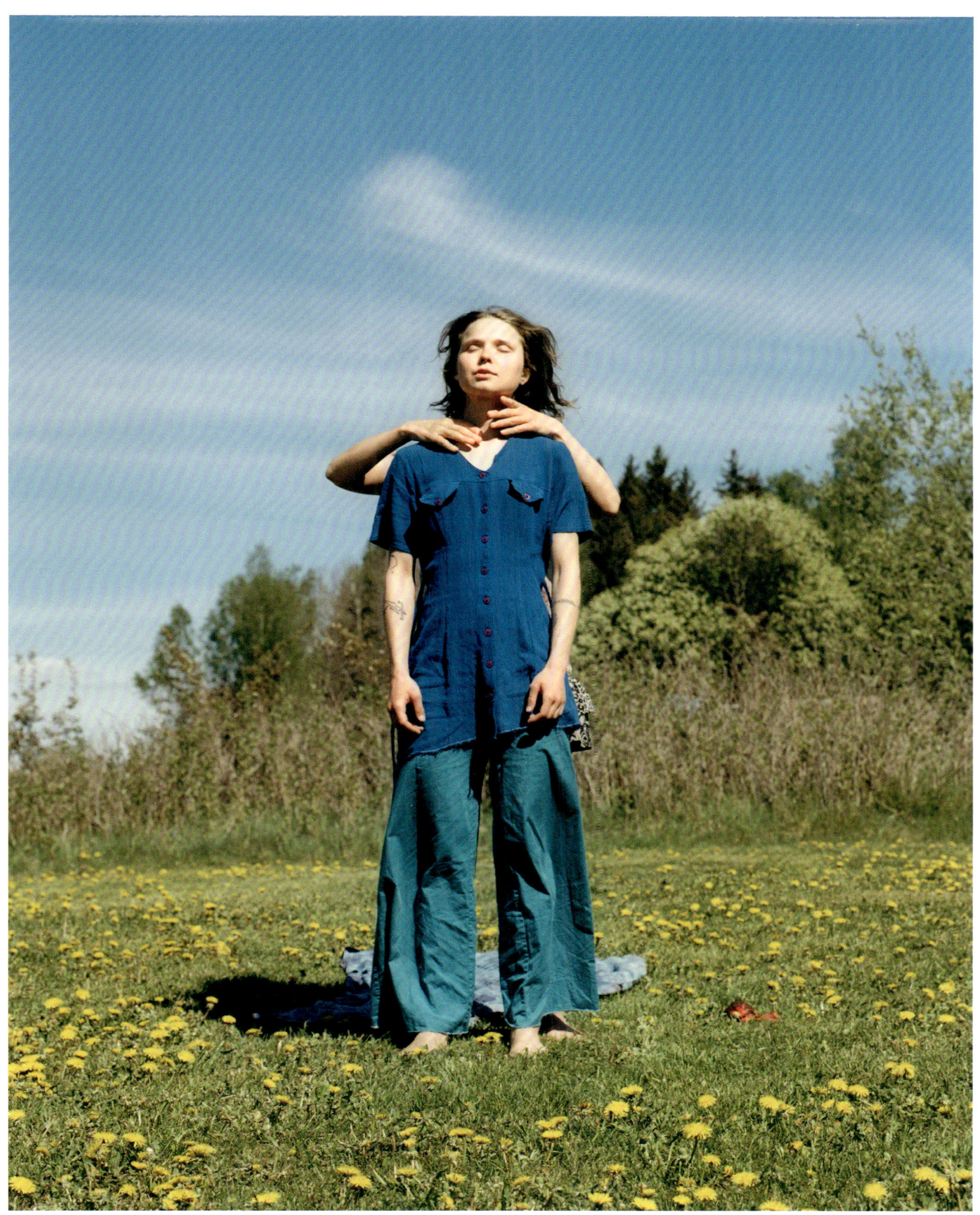

Hannah-Maria, Feminine Awakening

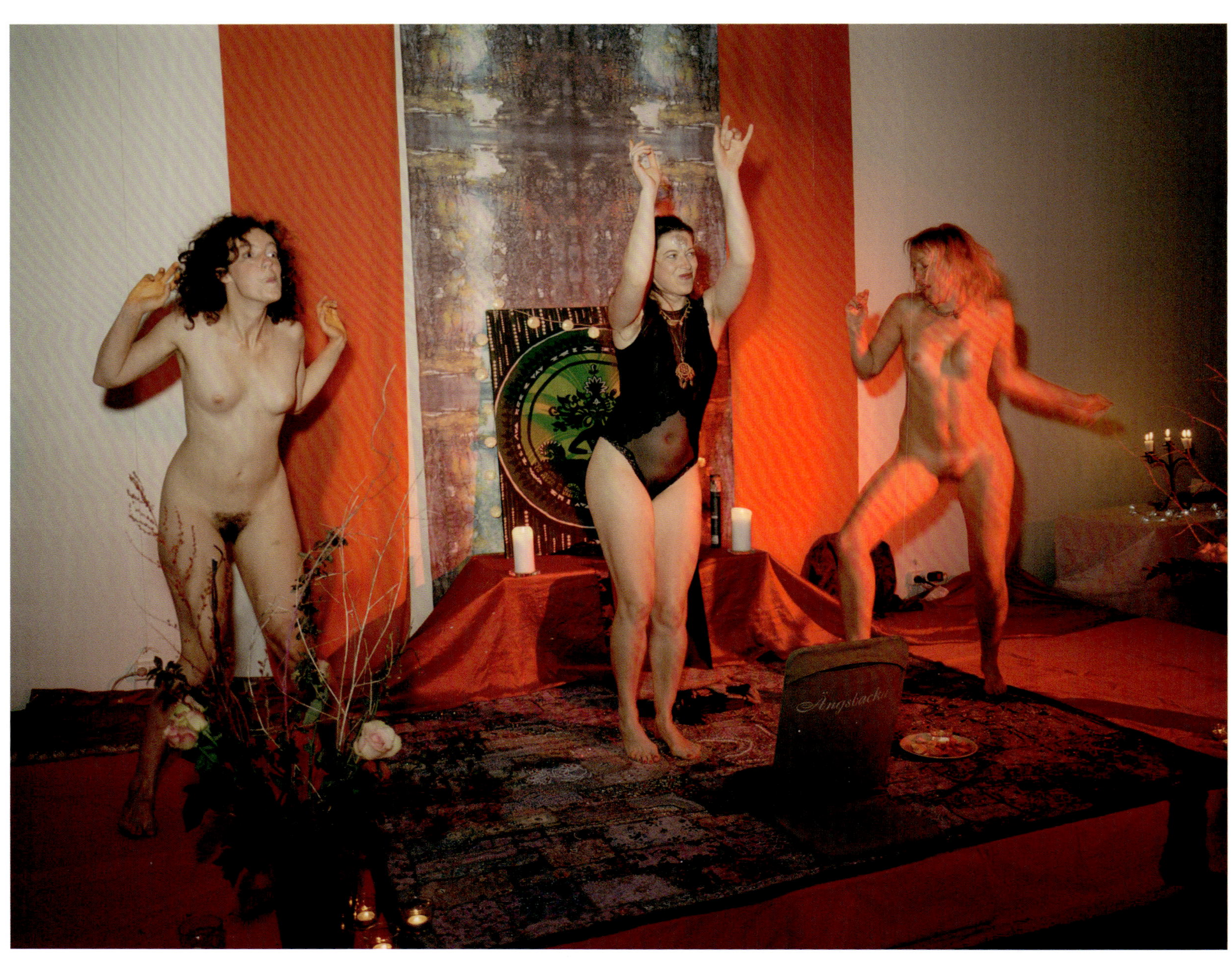

Yoni Puja After Party

The Enchantress

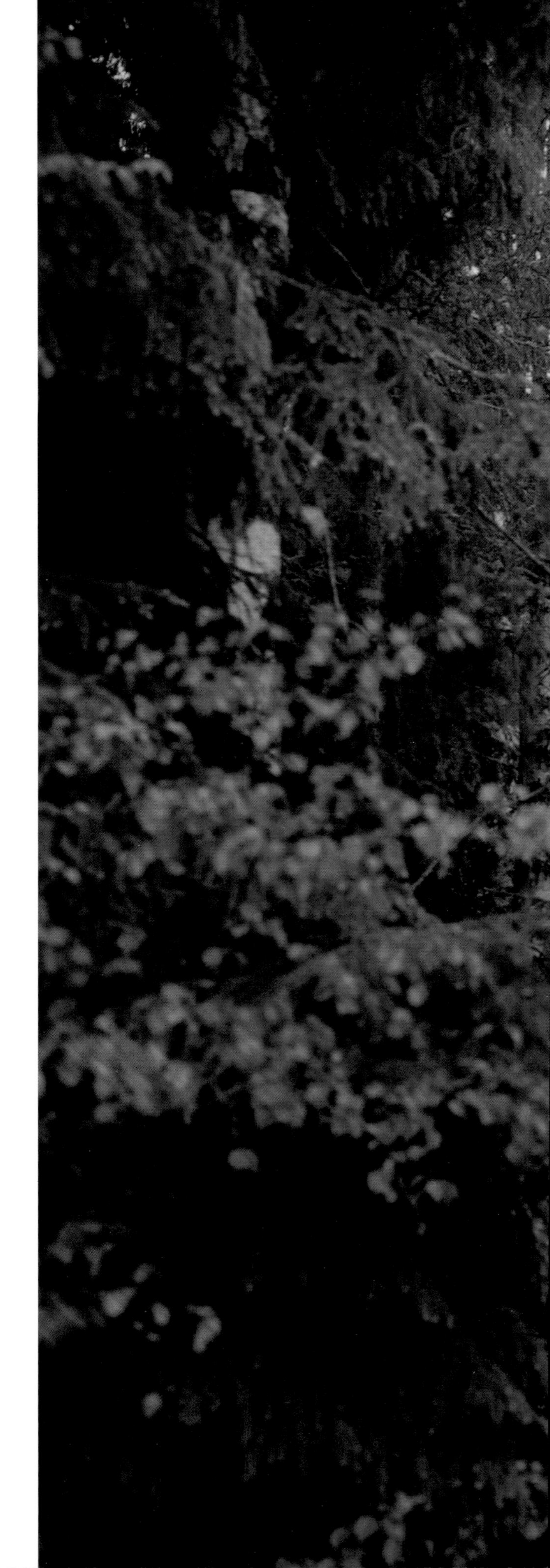

Wisdom of Mother Tree leader Erena

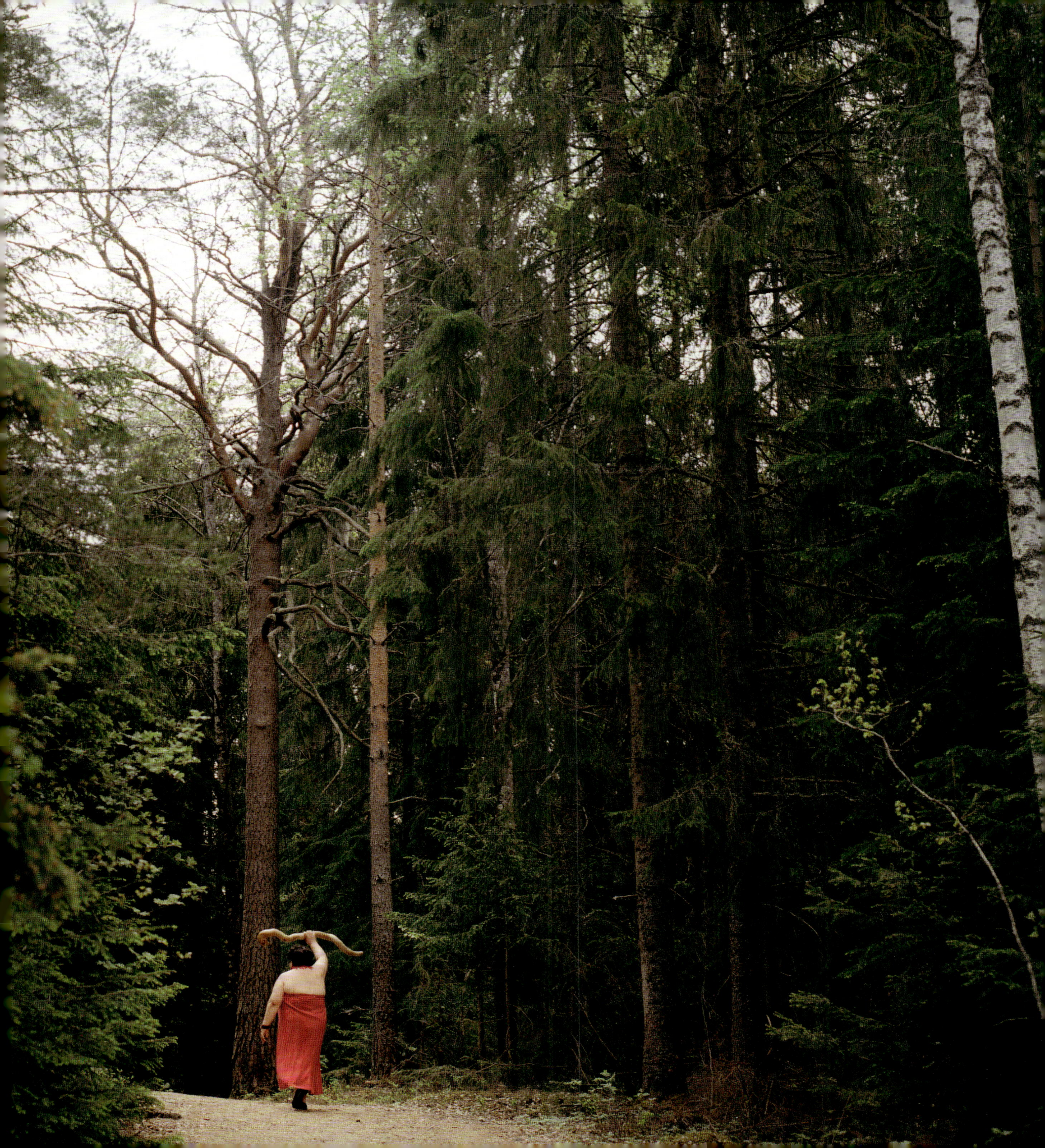

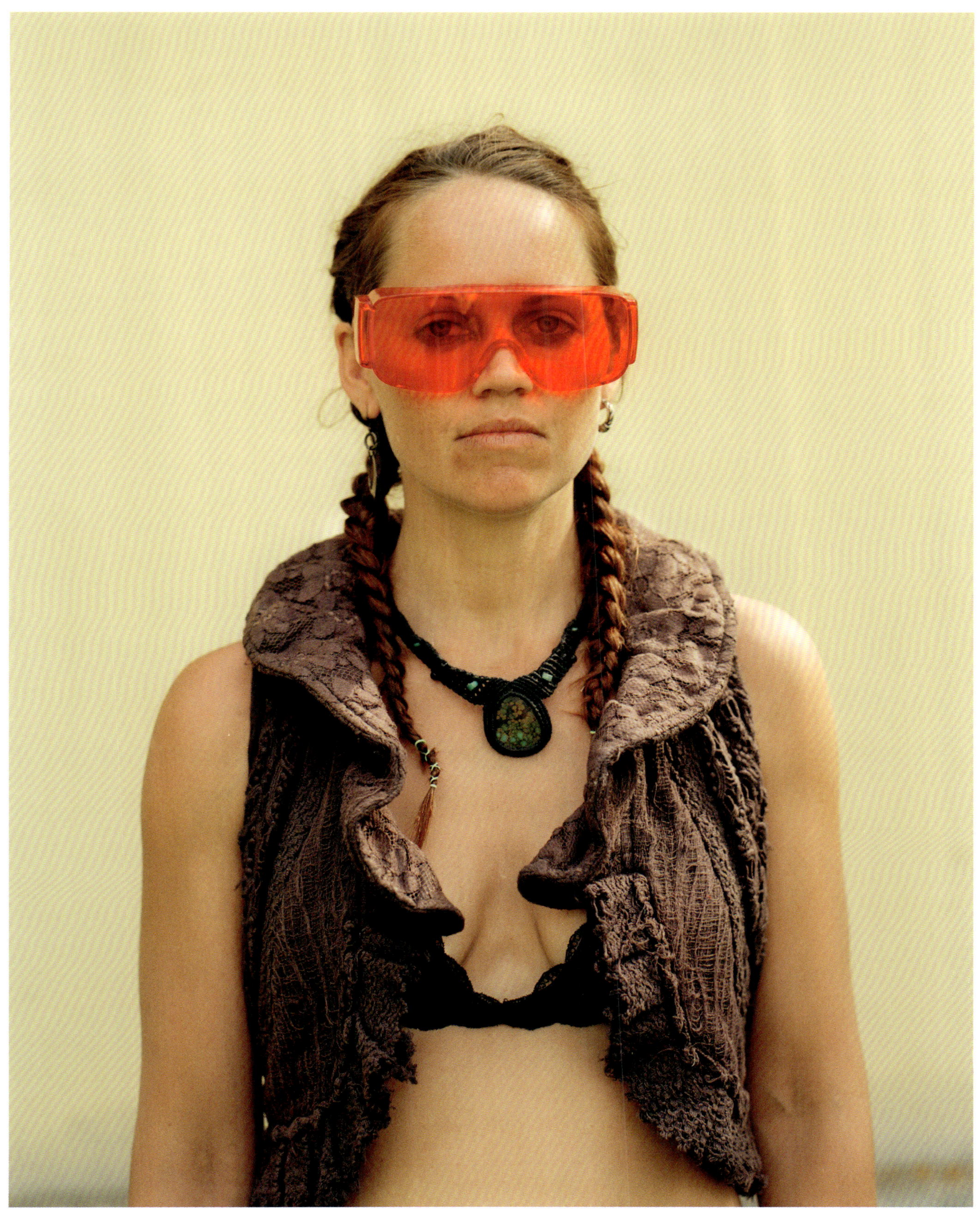

Luna

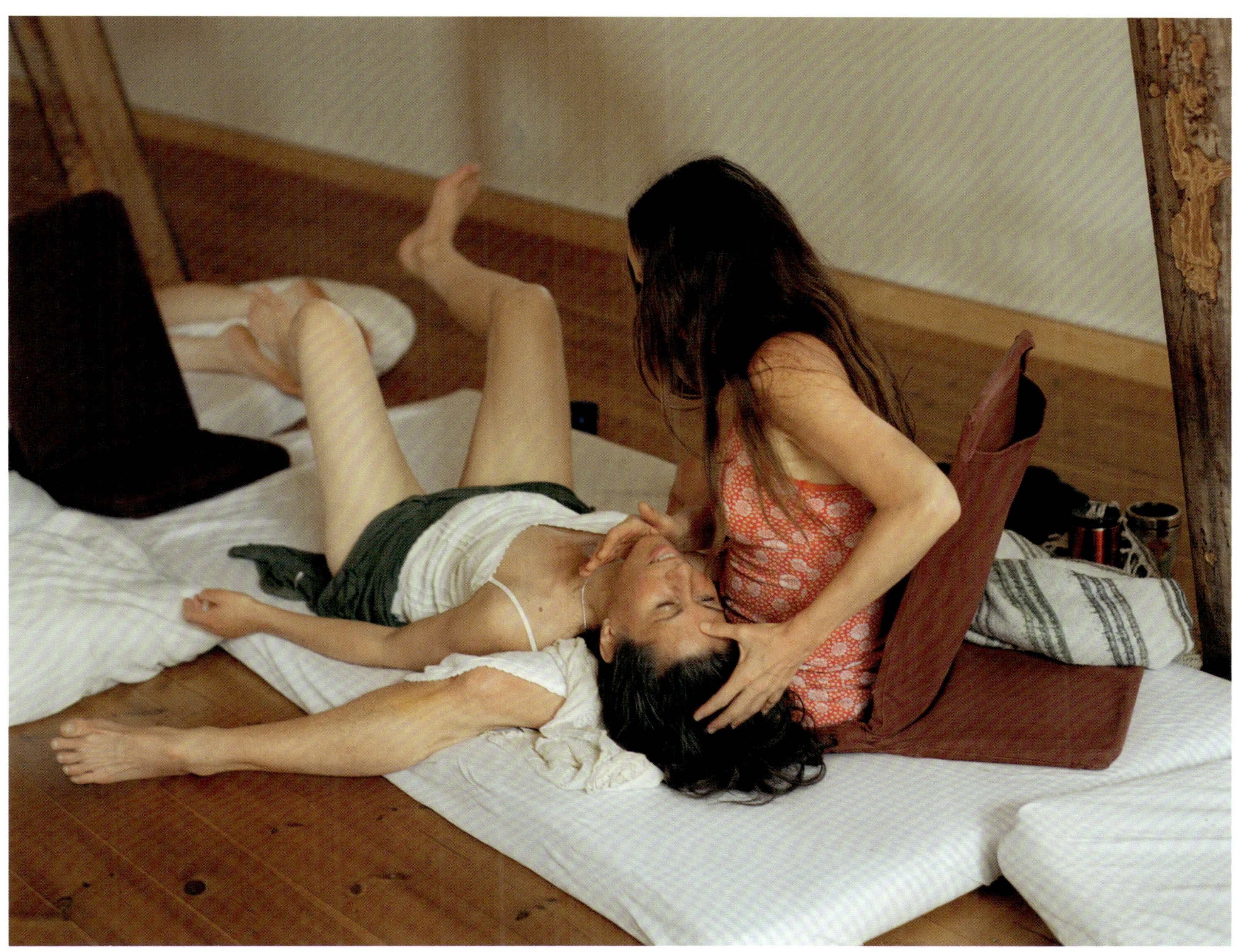

Lucy and Mahima

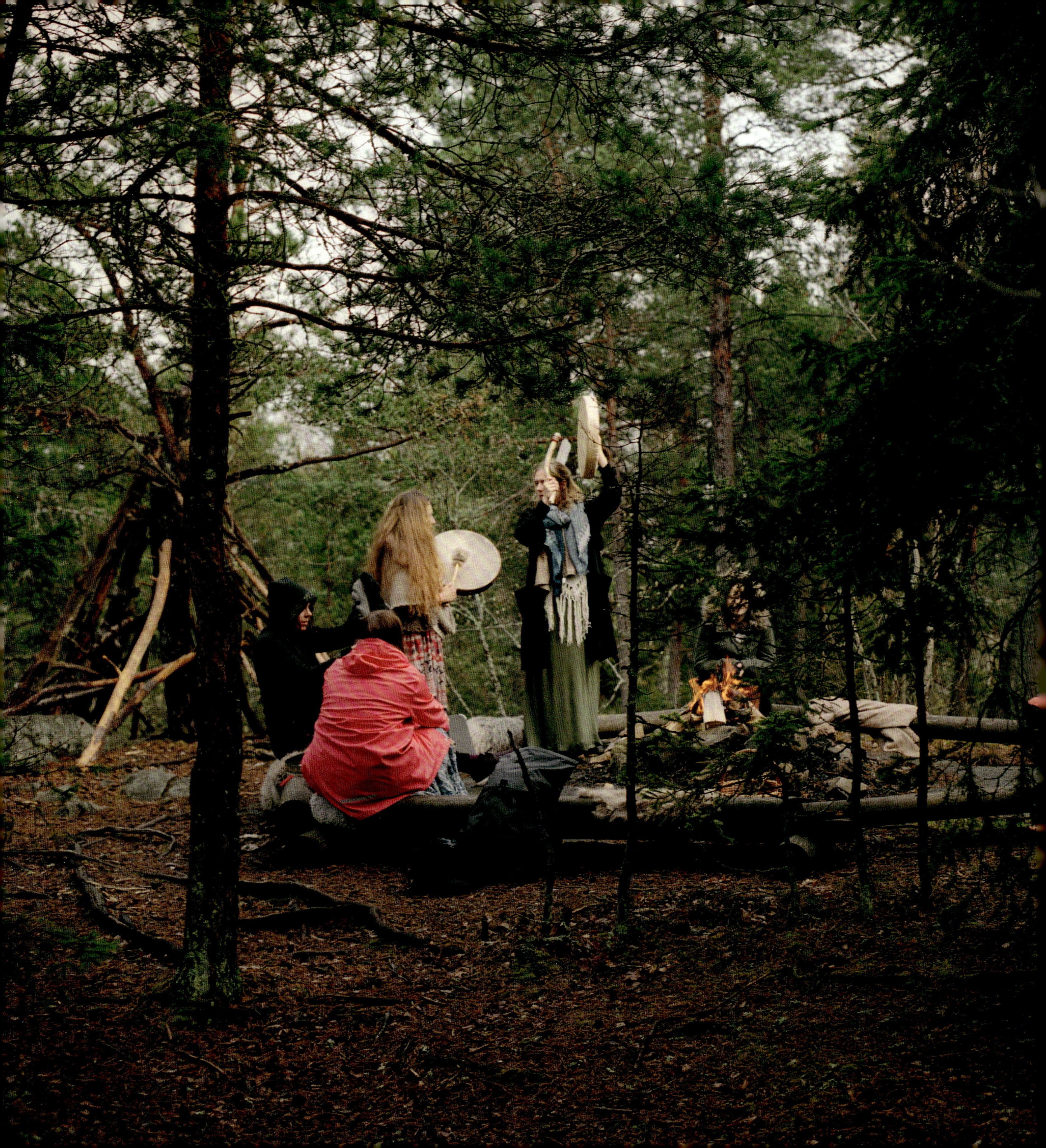

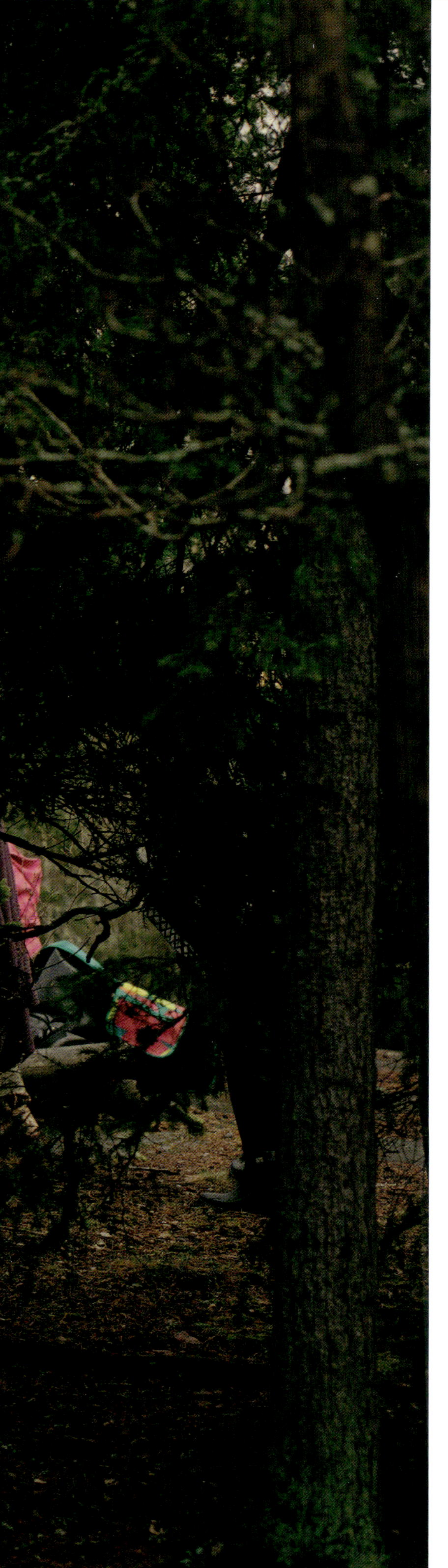

Awaken the Wild Woman Retreat

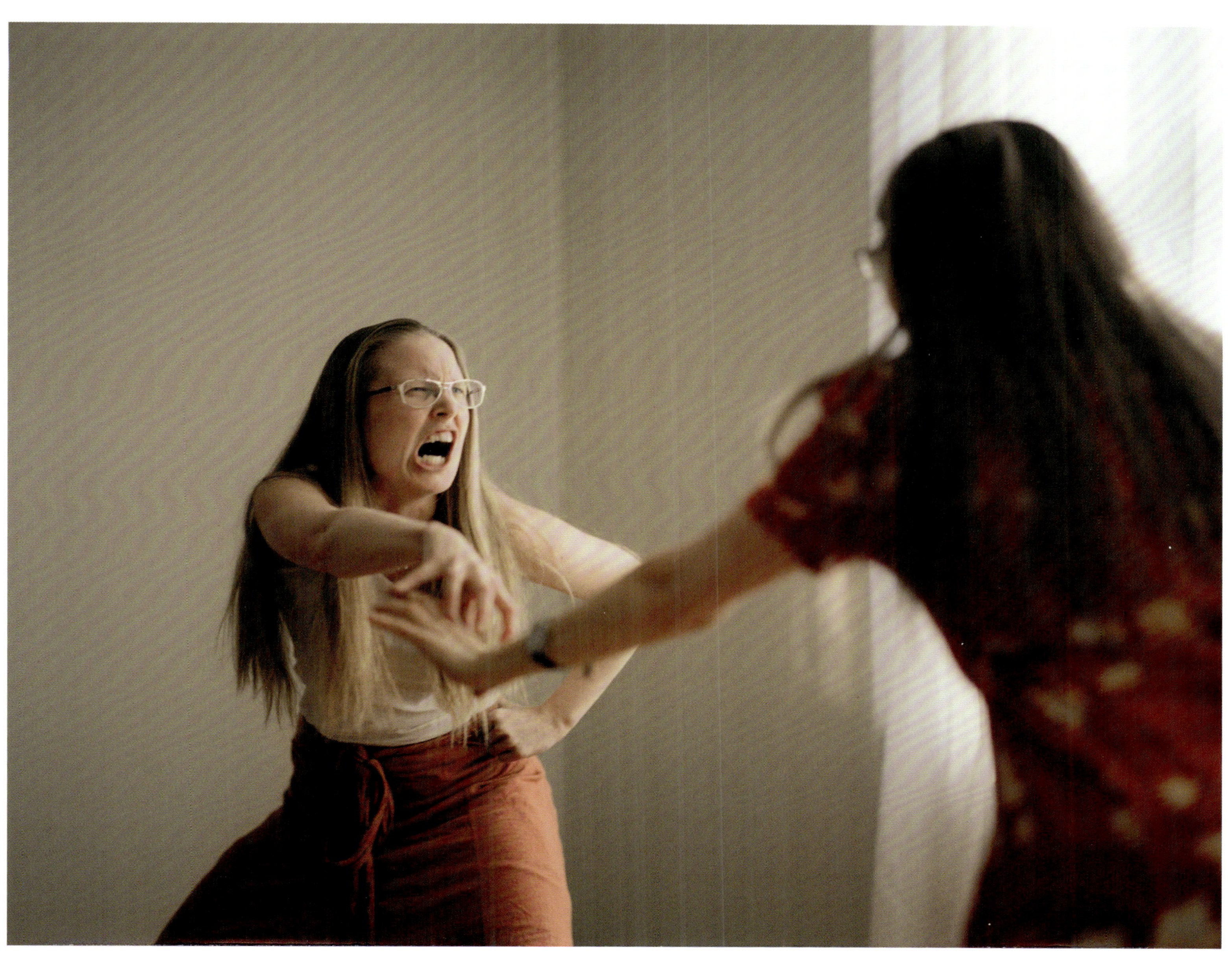

Women's Fire Workshop leader Camilla

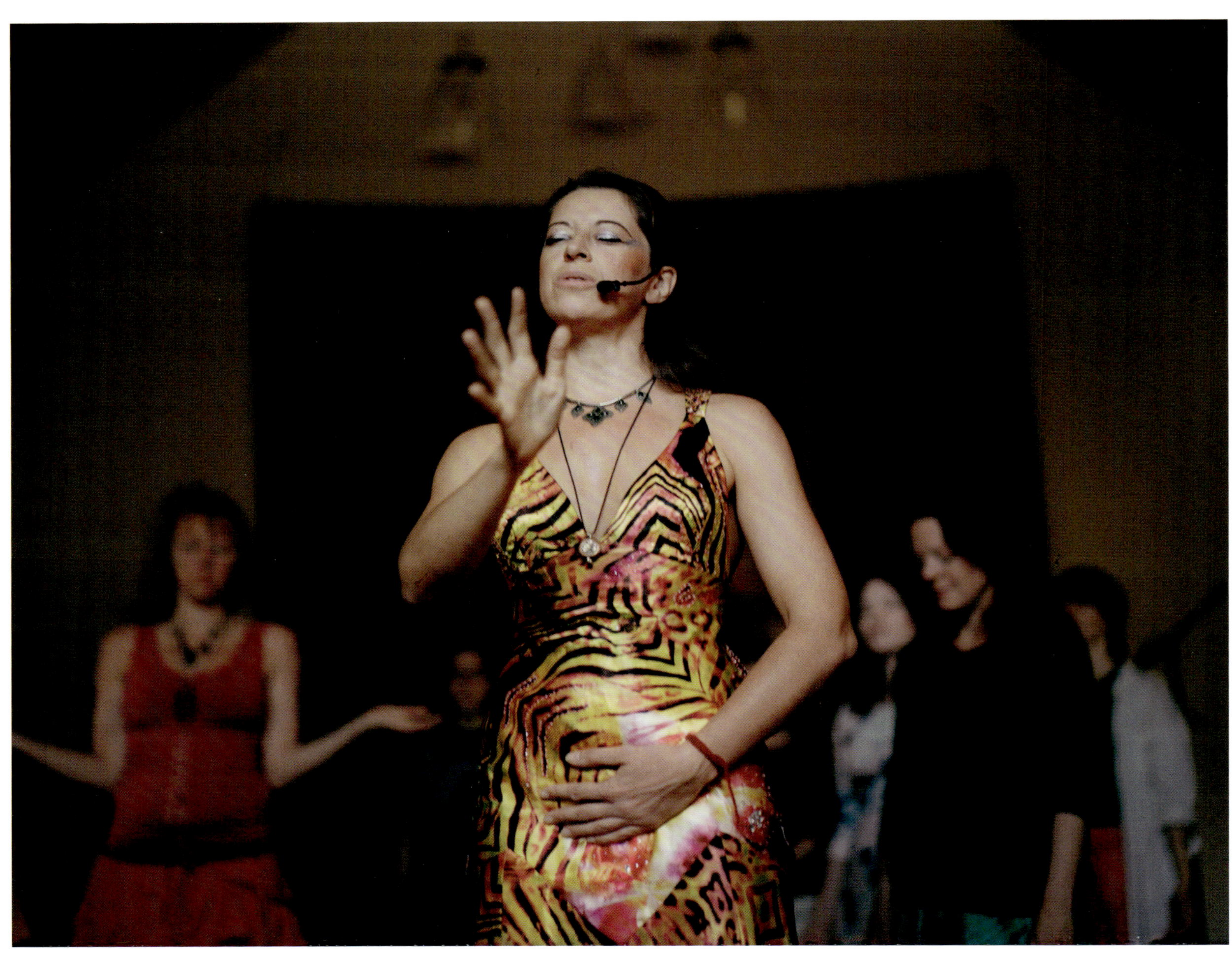

Sex Magic leader Hajnalka

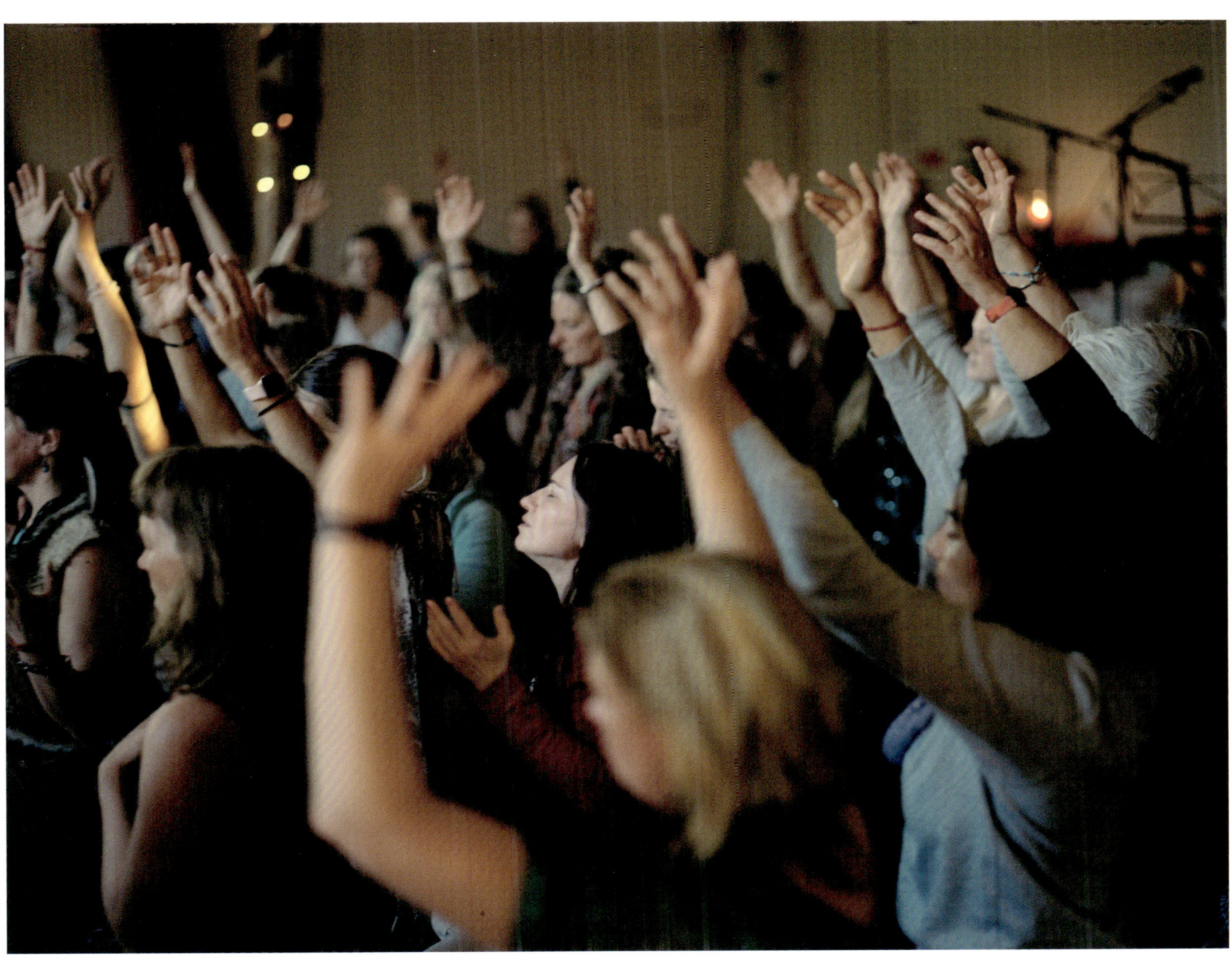

Participants, Sacred Womb Women's Festival

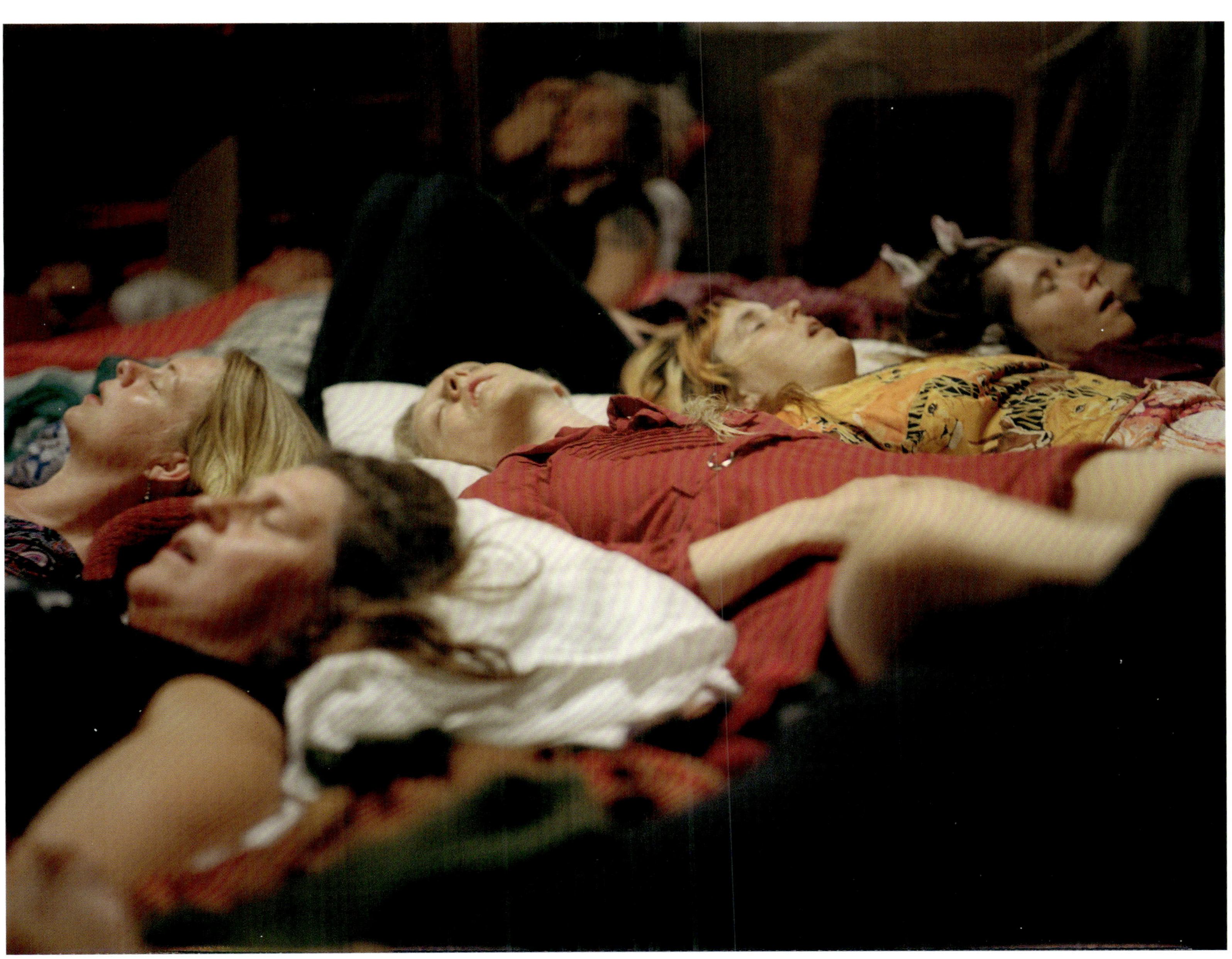

Womb Calling Ritual I

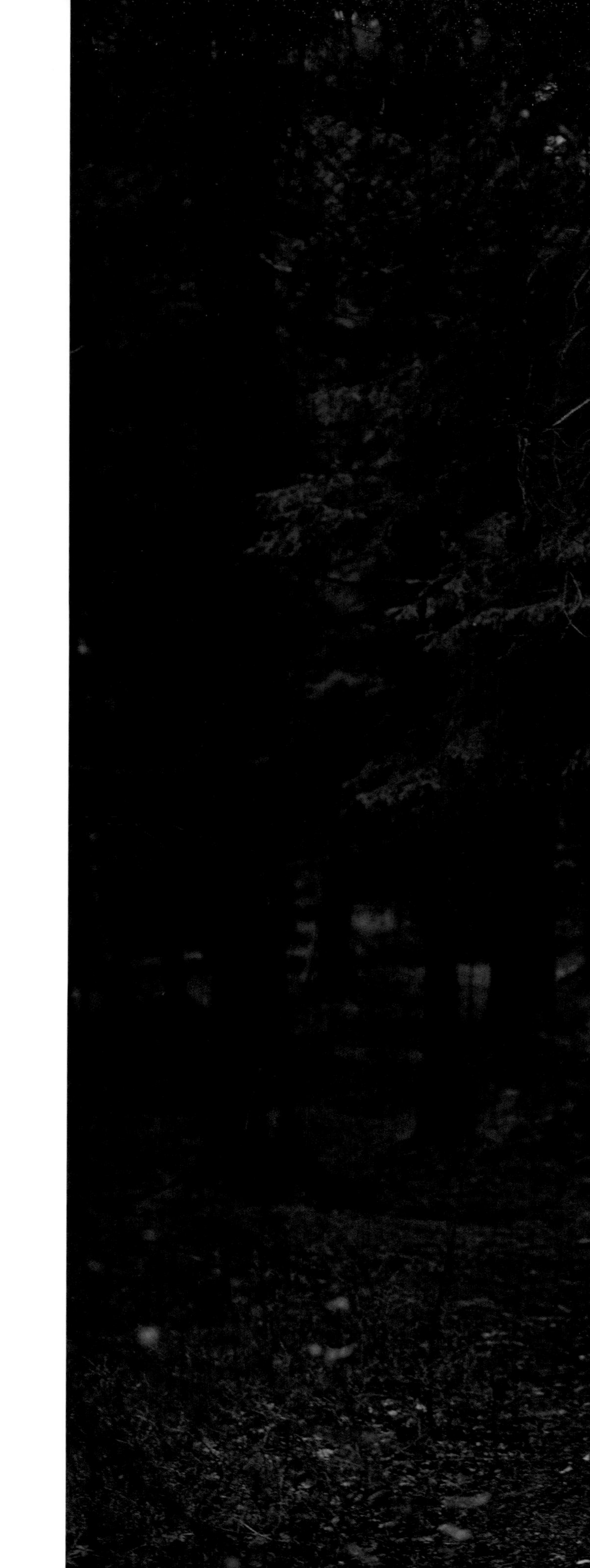

Shamanic Priestess Teresa I

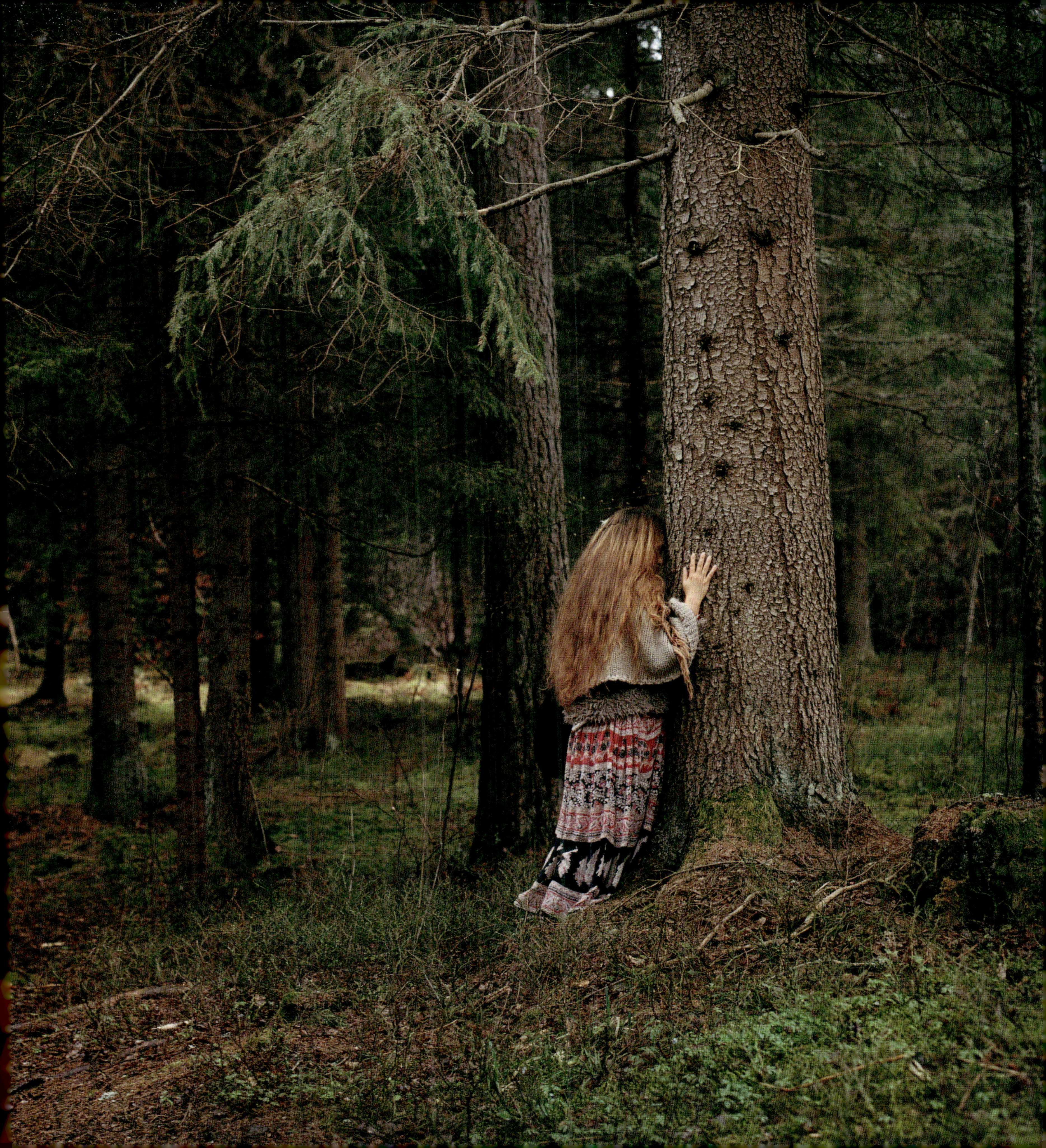

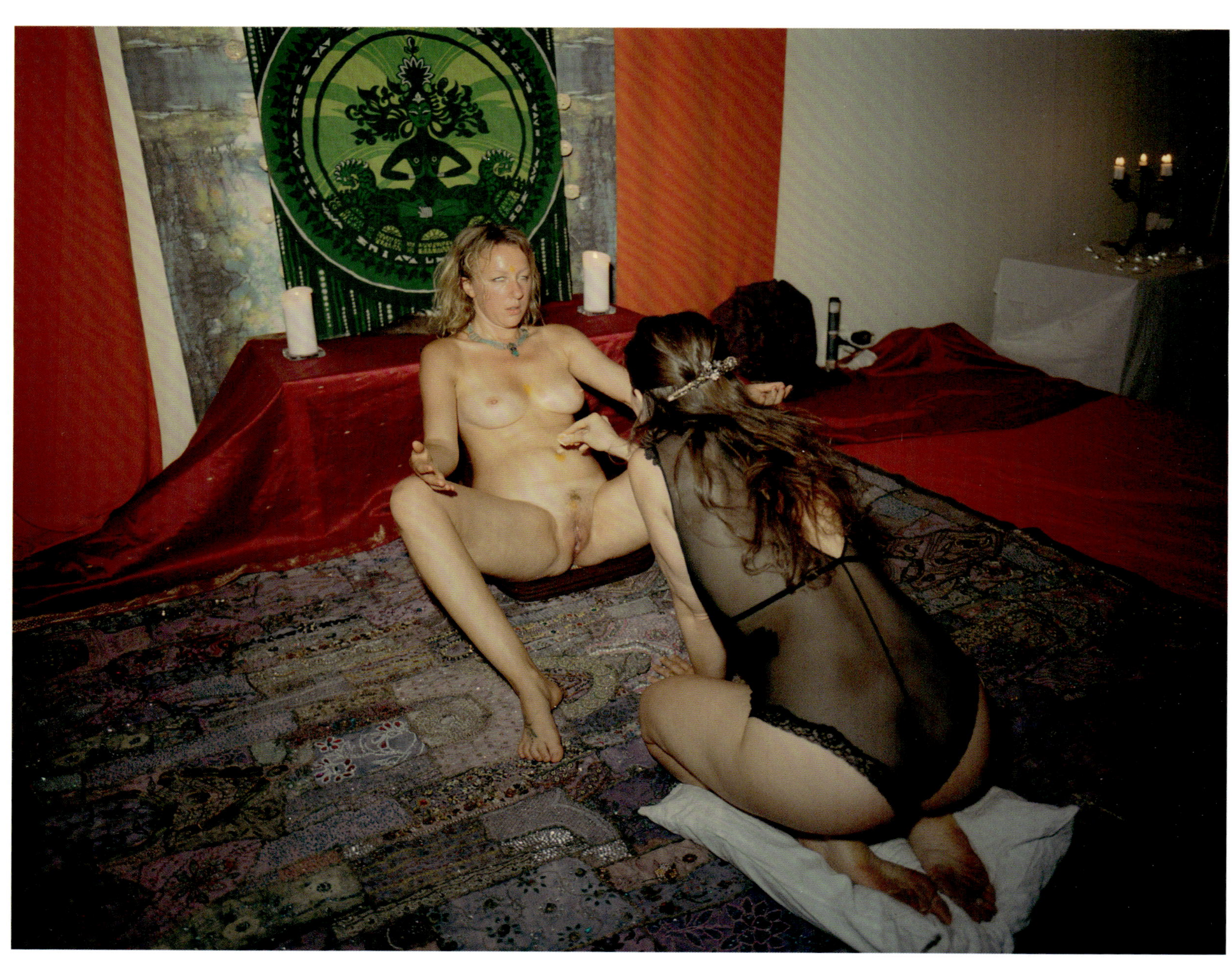

Yoni Puja leaders Alva and Hajnalka

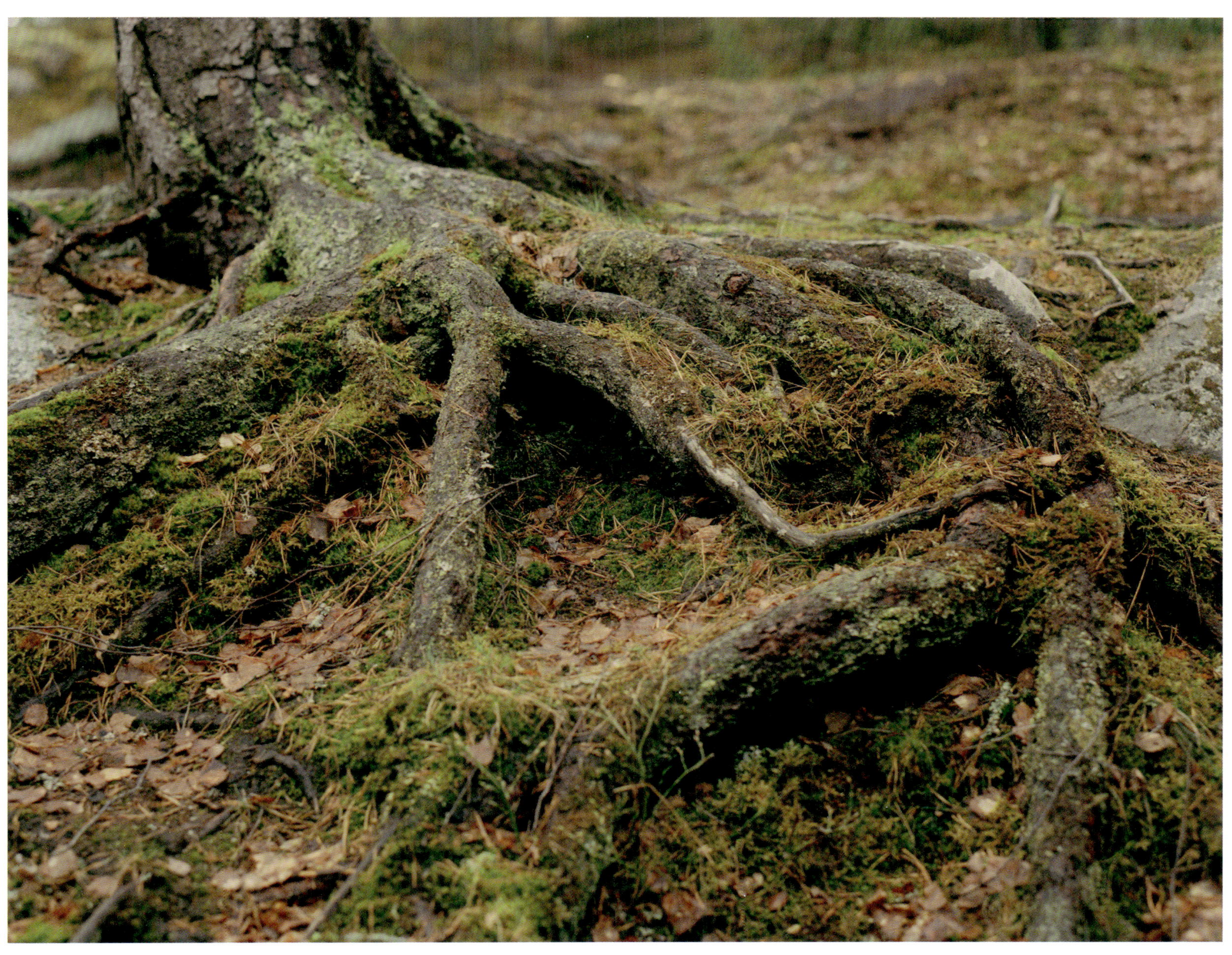

Nature Walk Meditation

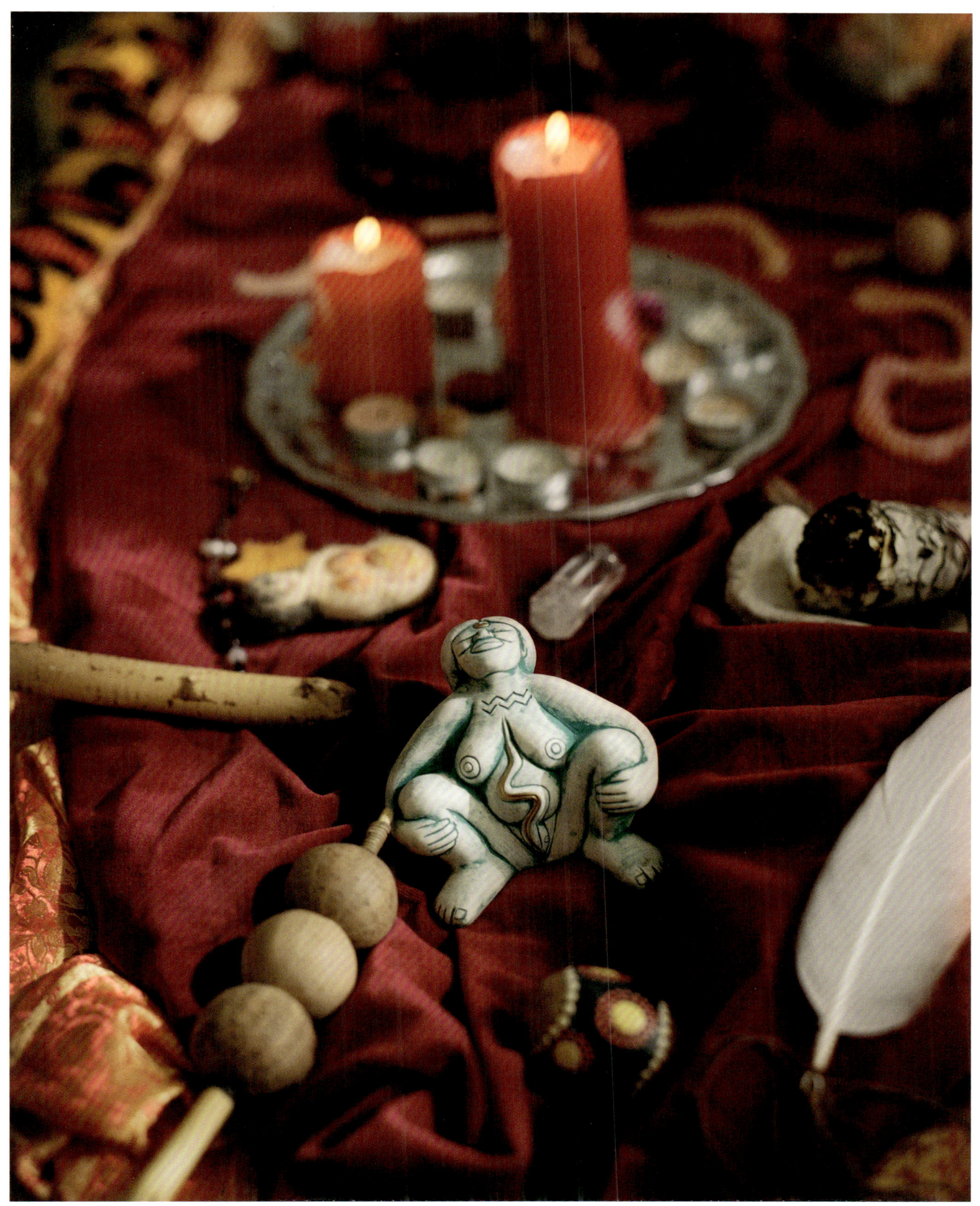

The Goddess Ixchel, Women's Fire Workshop

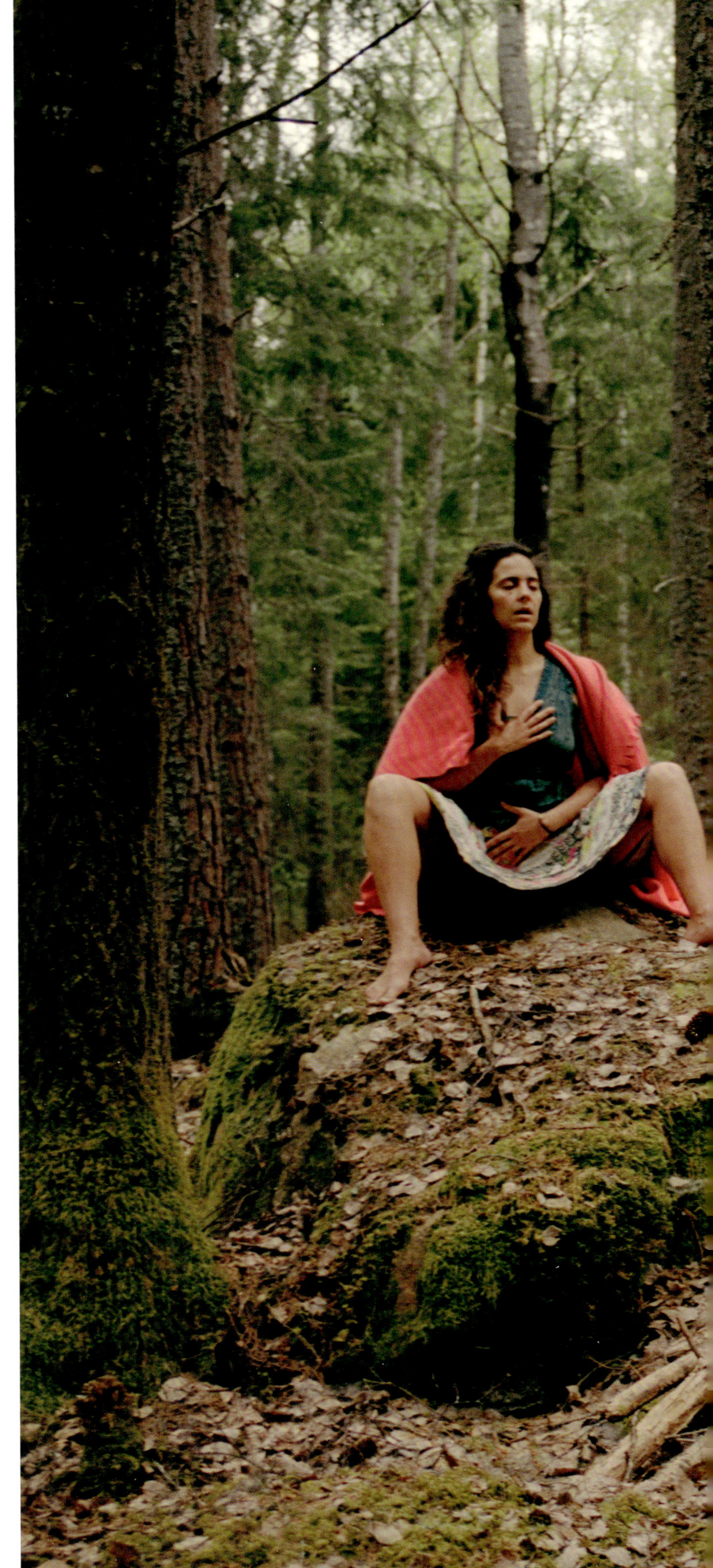

Womb Calling Ritual II

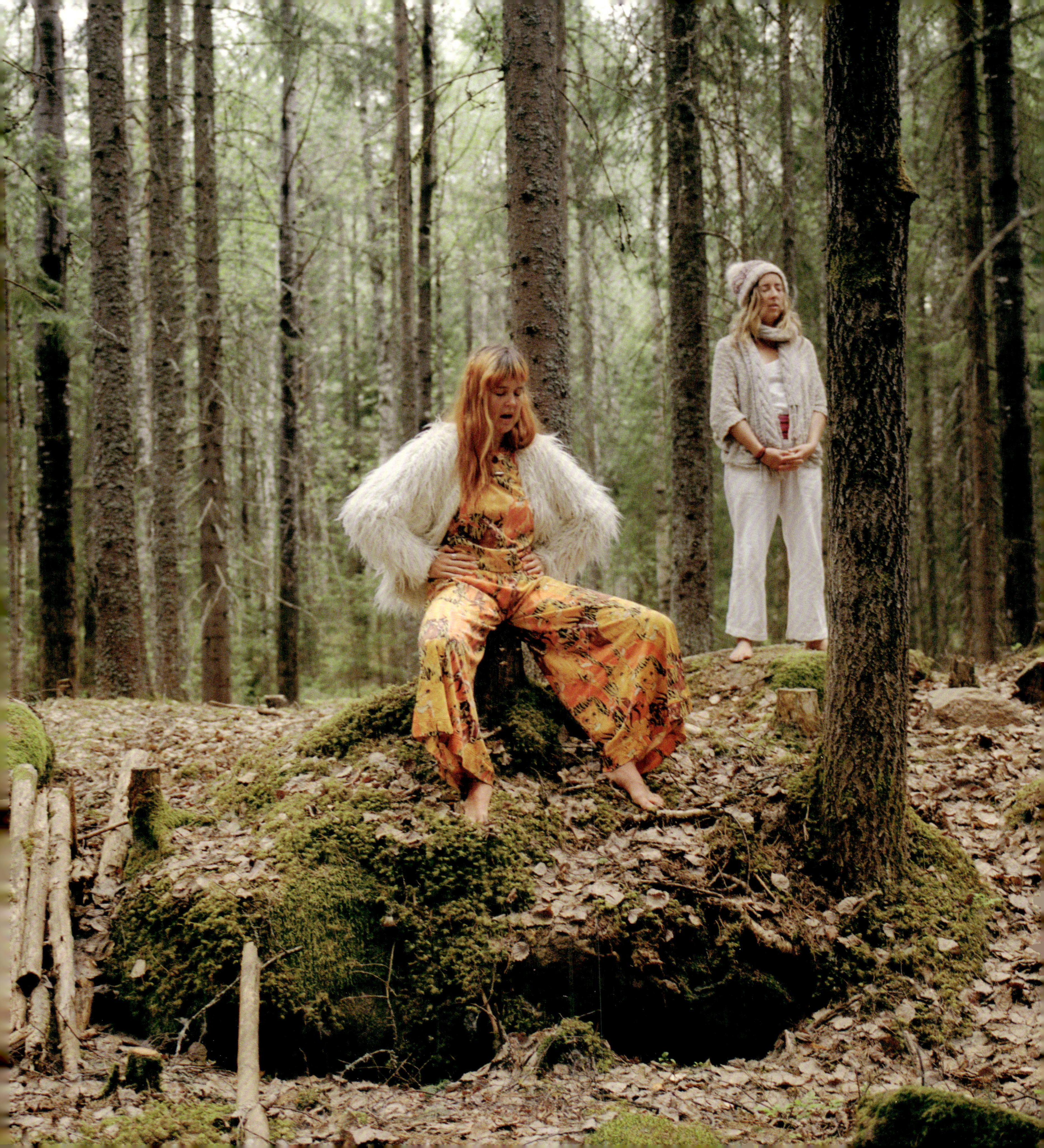

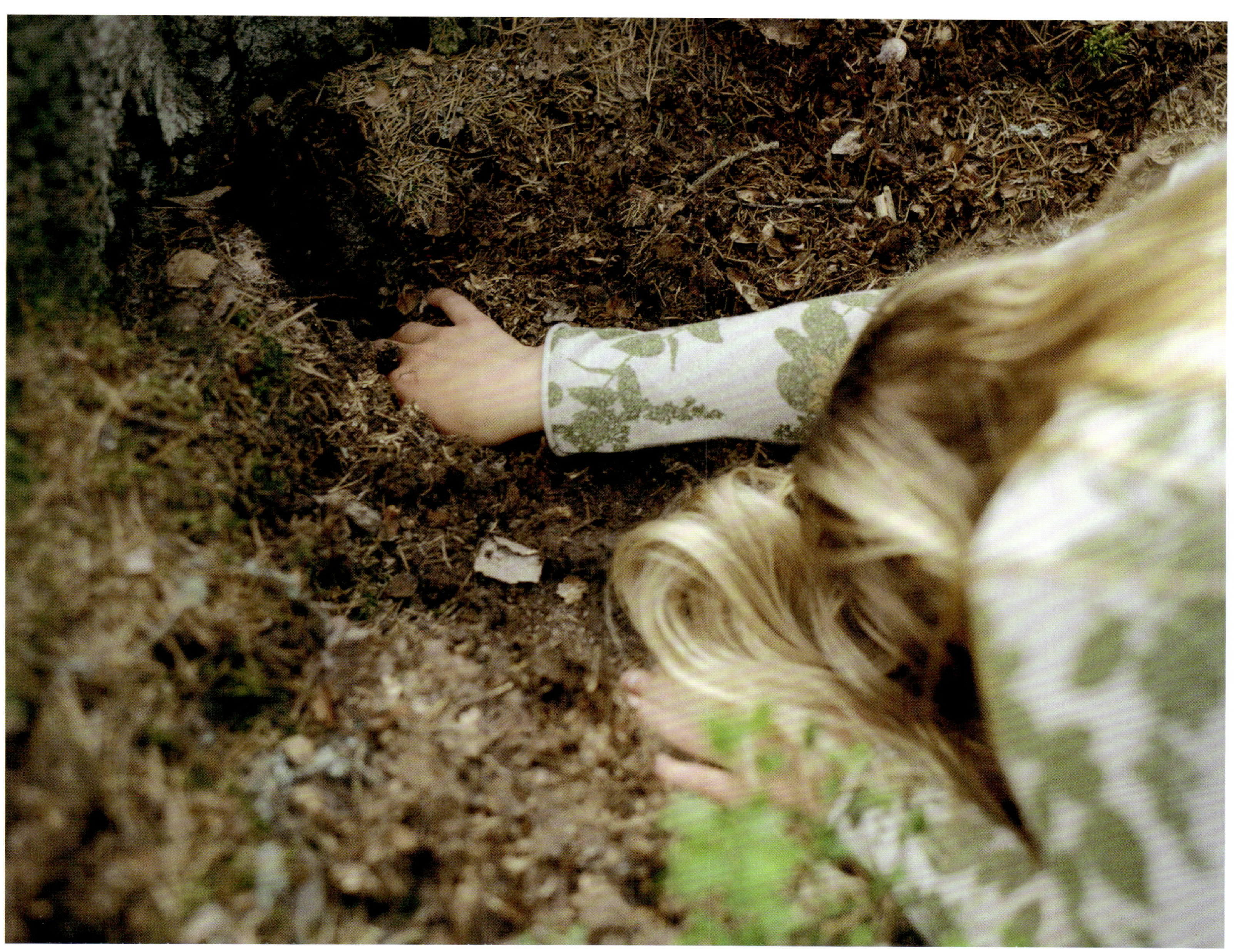

Sarah, the Mother Tree

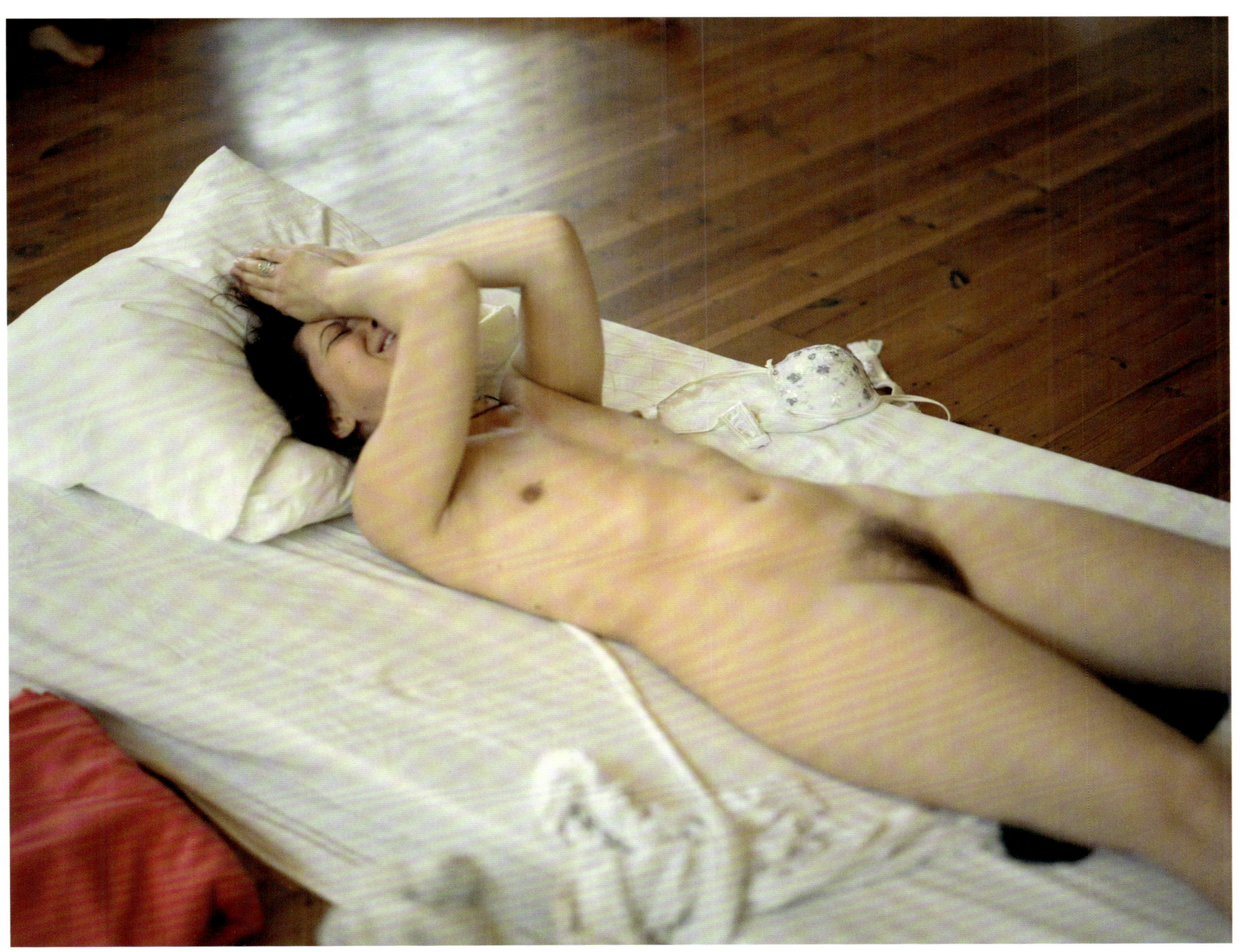

Hajnalka, Womb Awakening Ritual

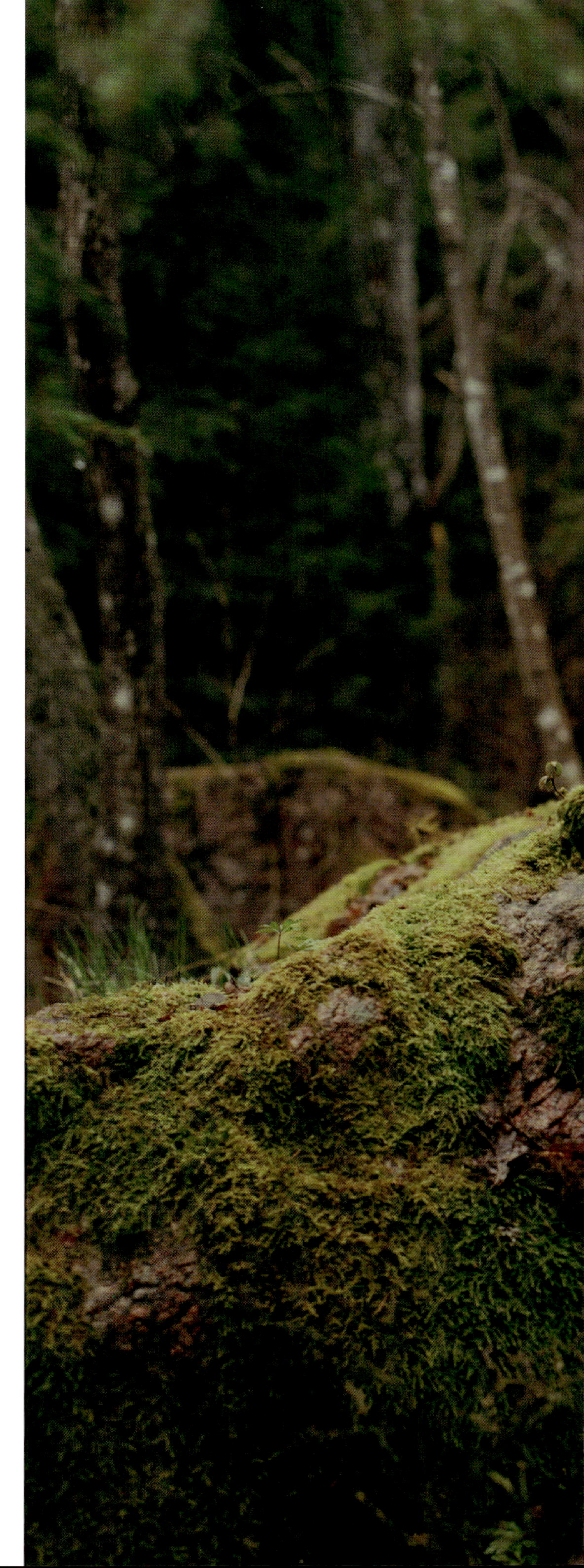

Shamanic Priestess Teresa II

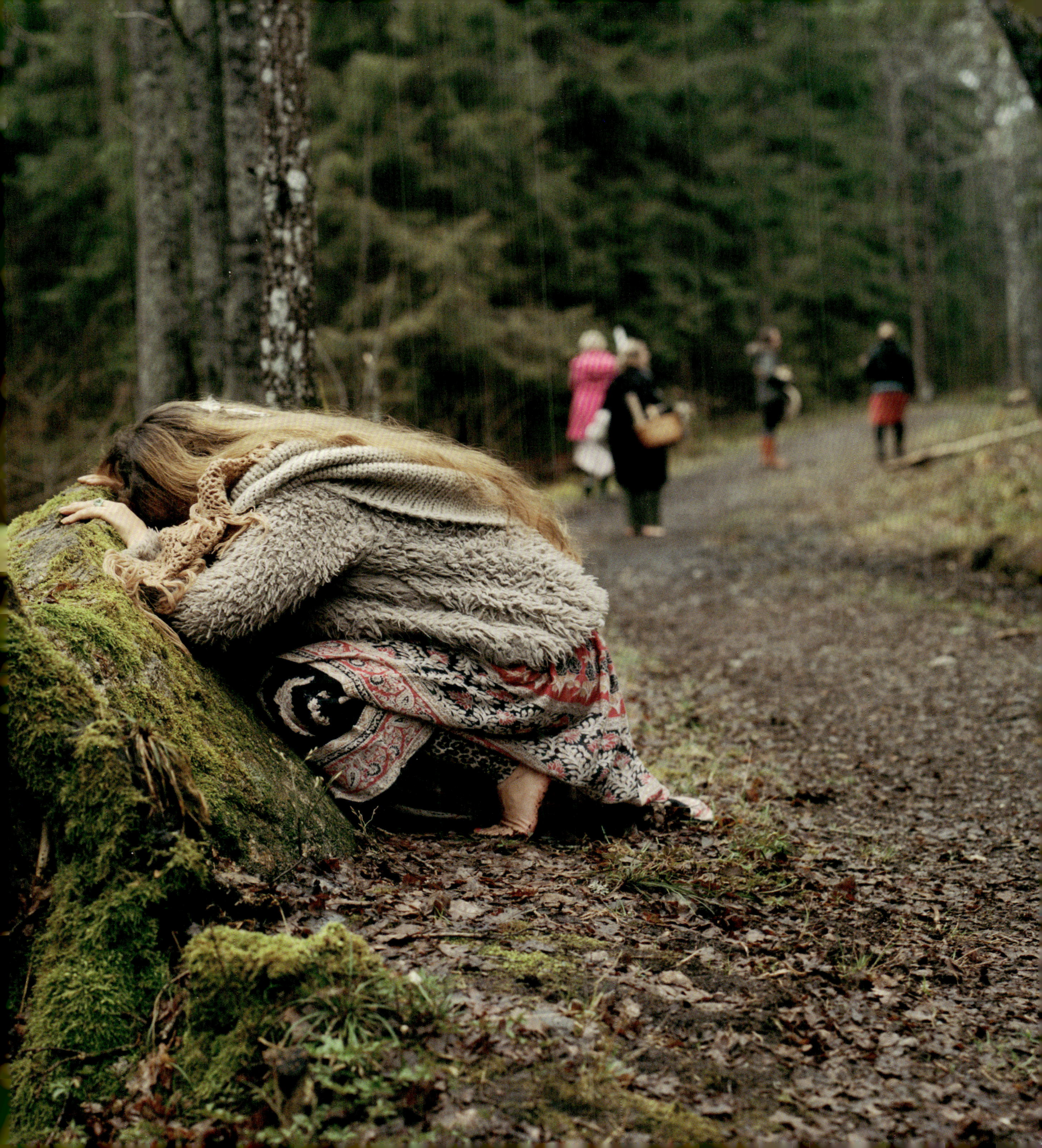

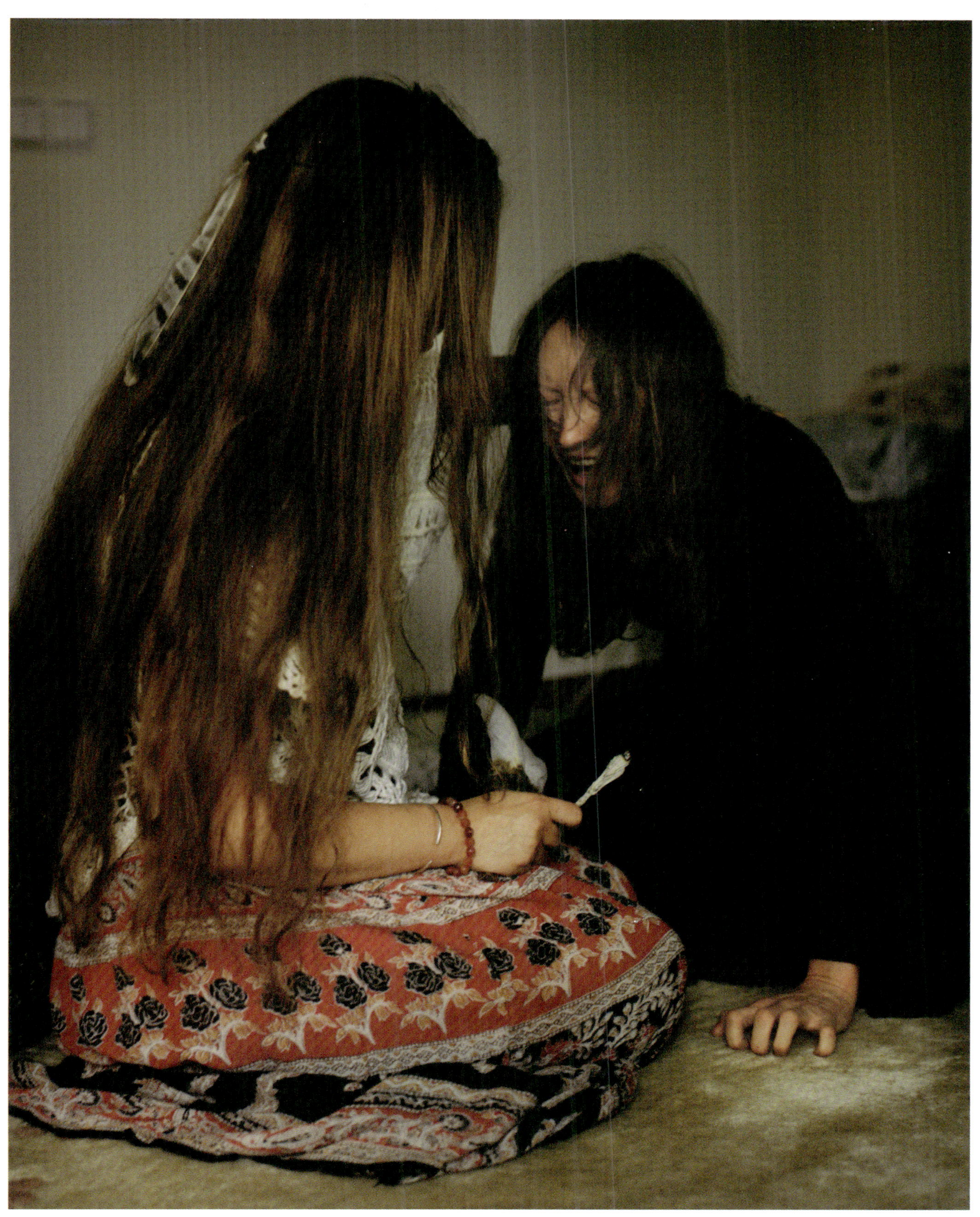

Eva, Womb Cleansing Ritual

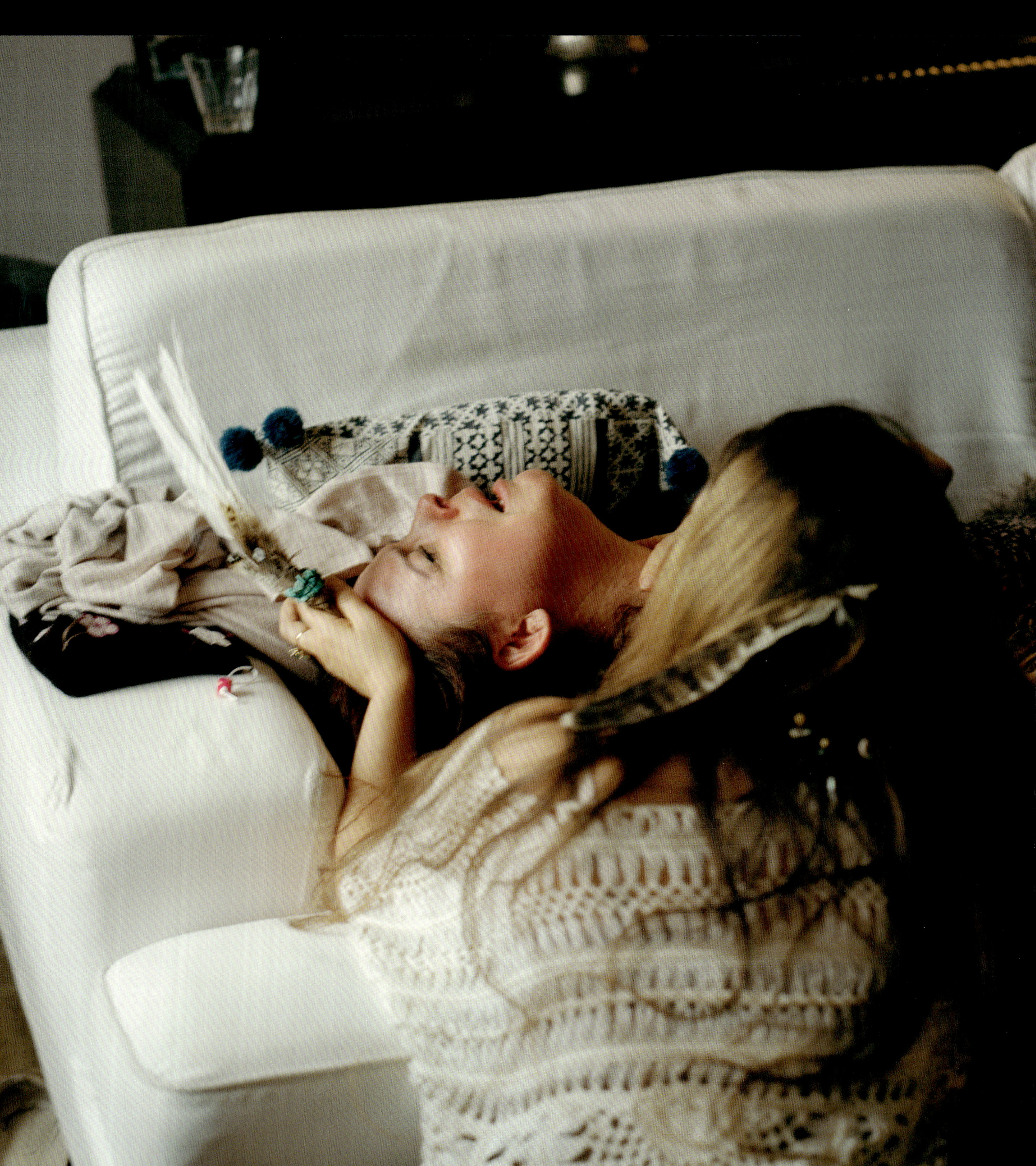

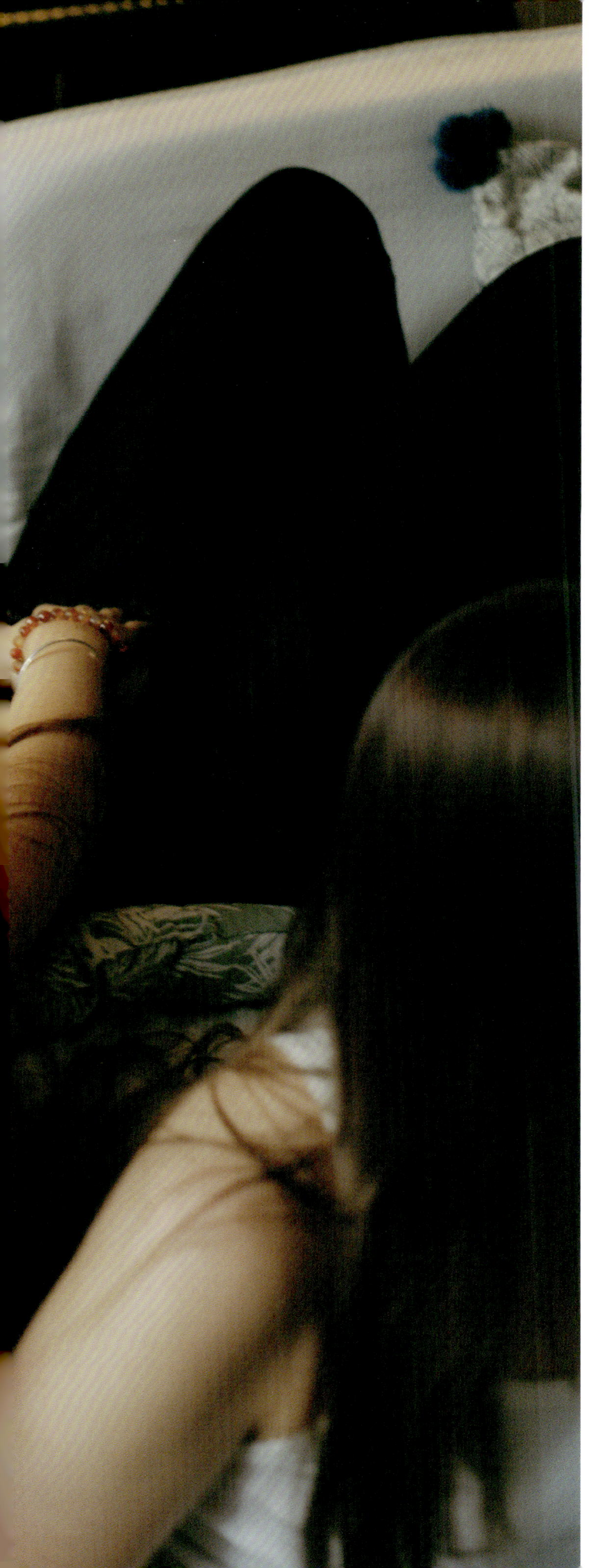

Matilda, Womb Cleansing Ritual

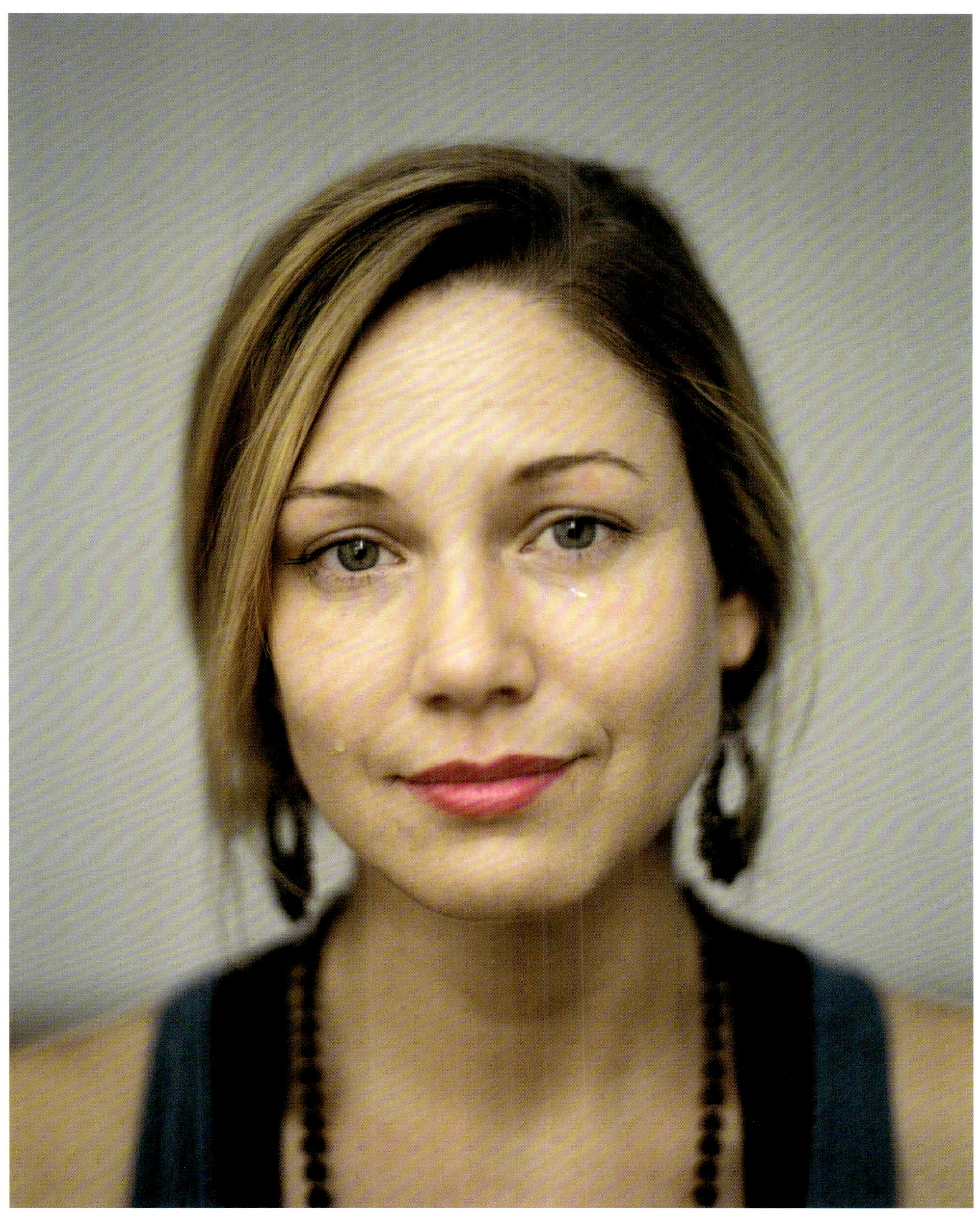

Helen

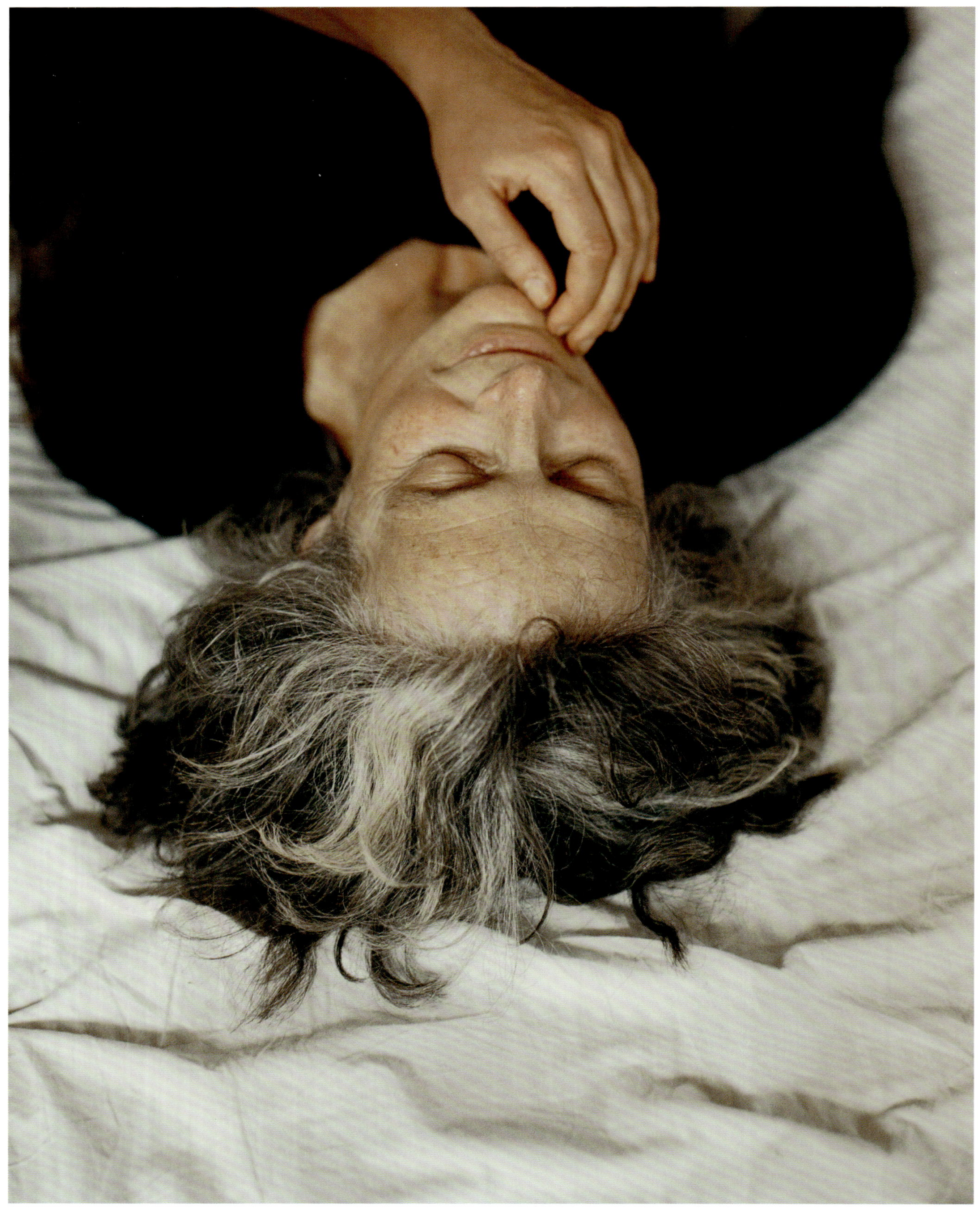

Anita

THE CRONE

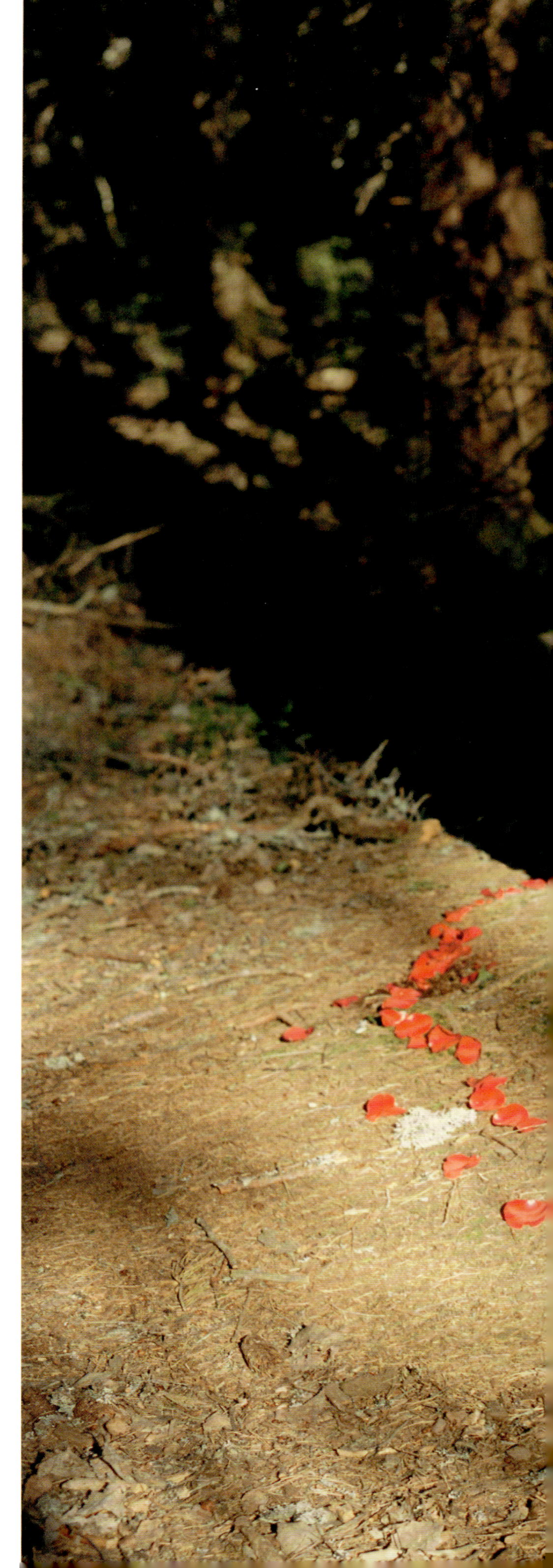

Altar, Sacred Menstrual Wisdom

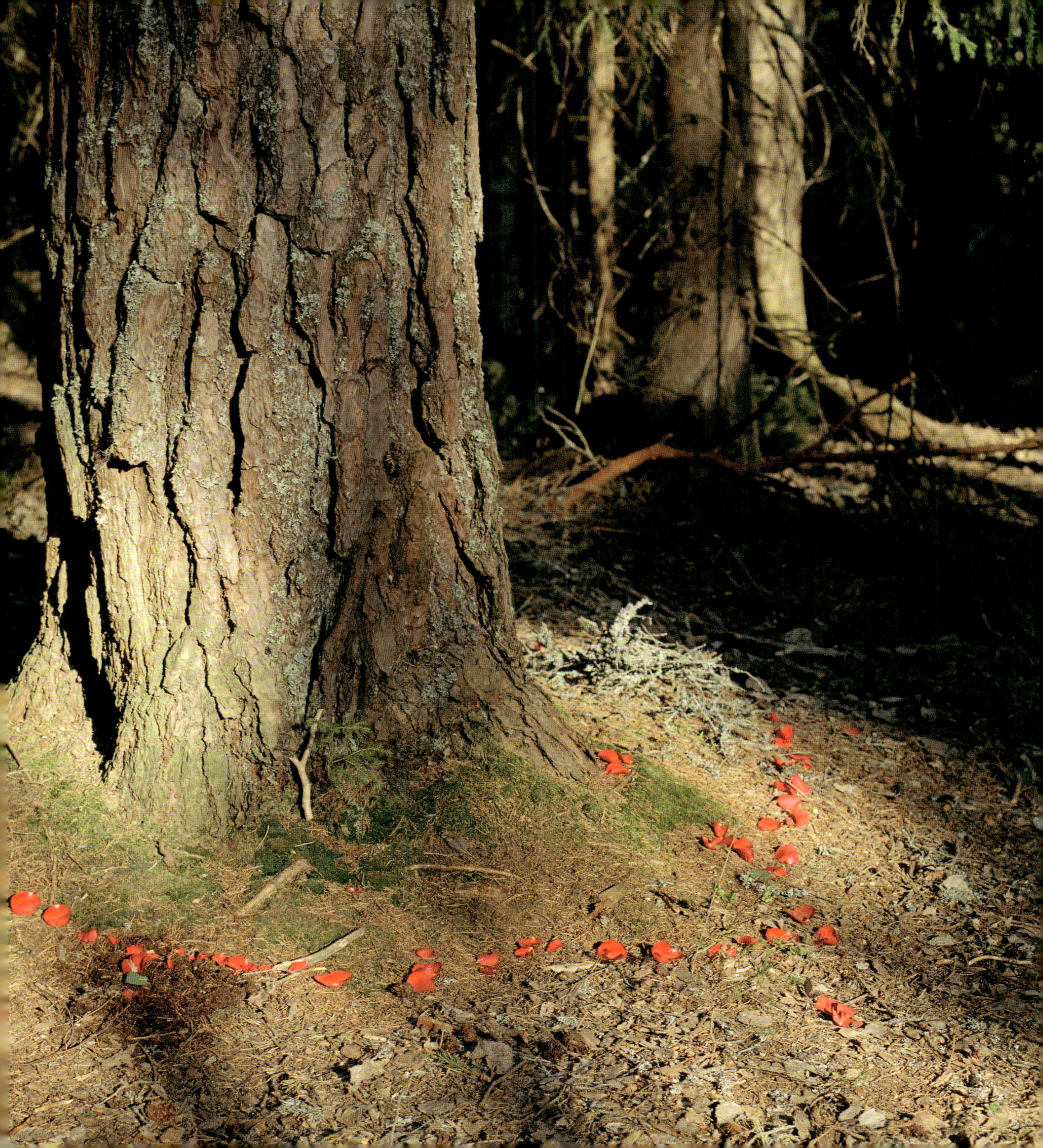

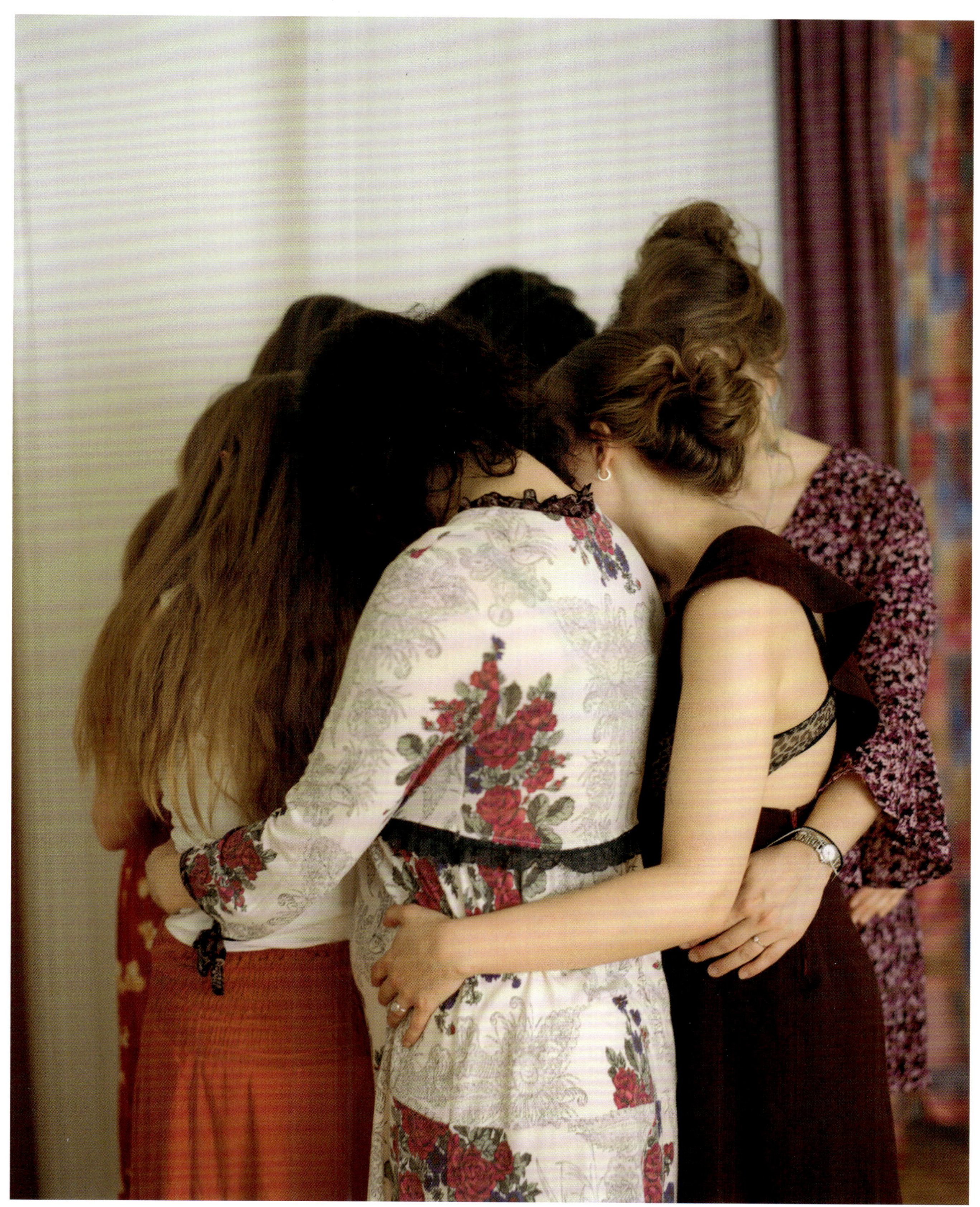

Women's Fire Workshop

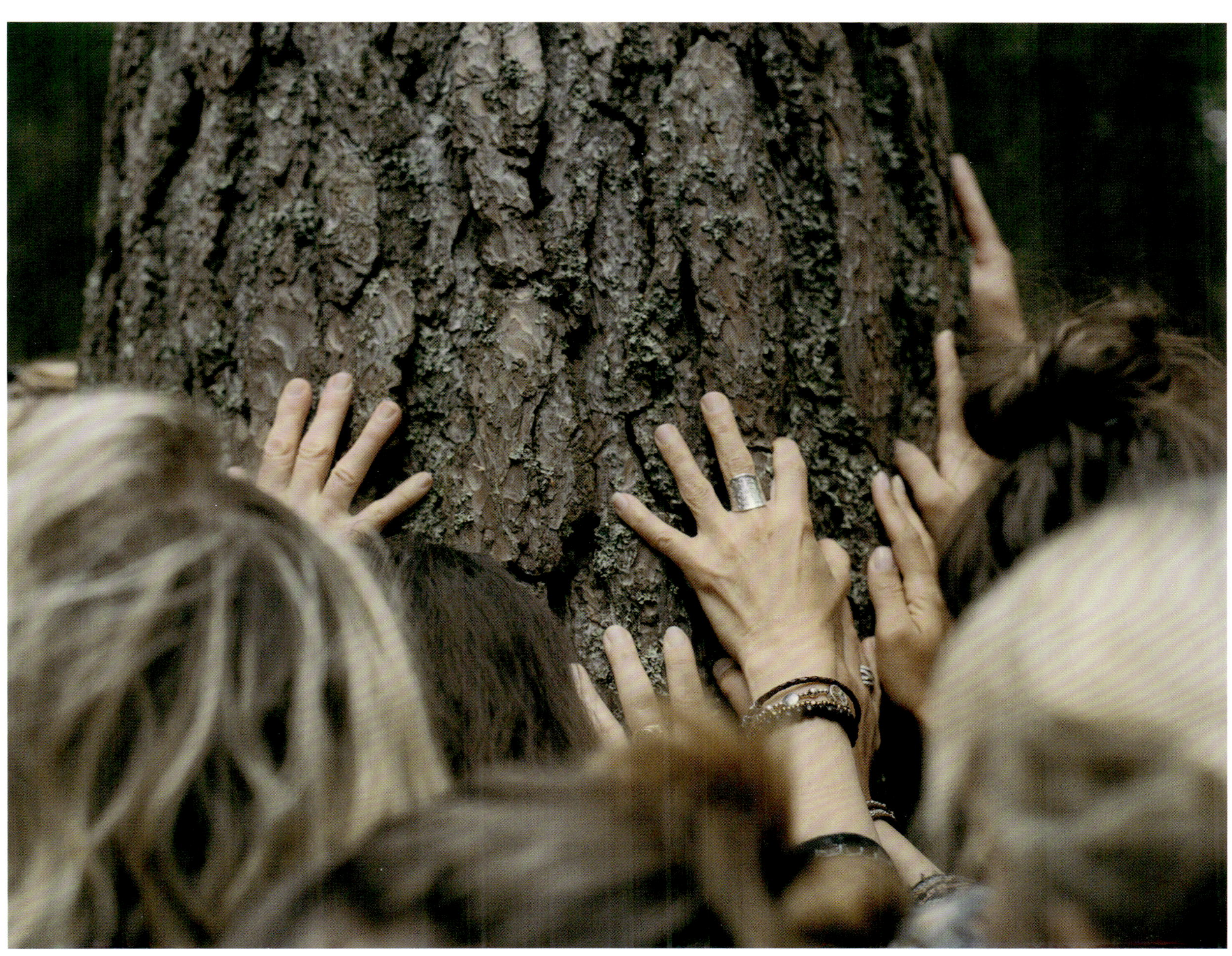

The Mother Tree

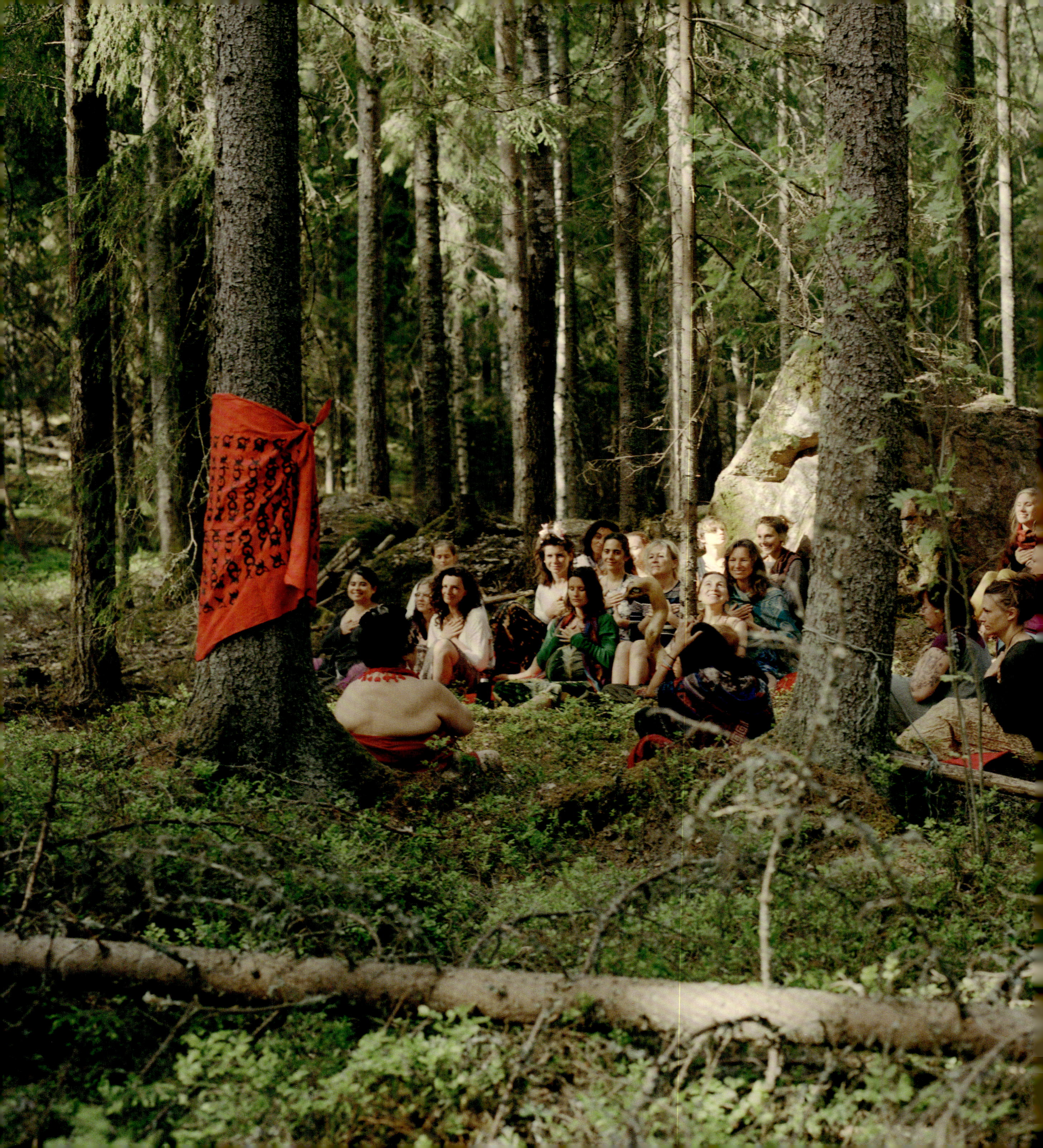

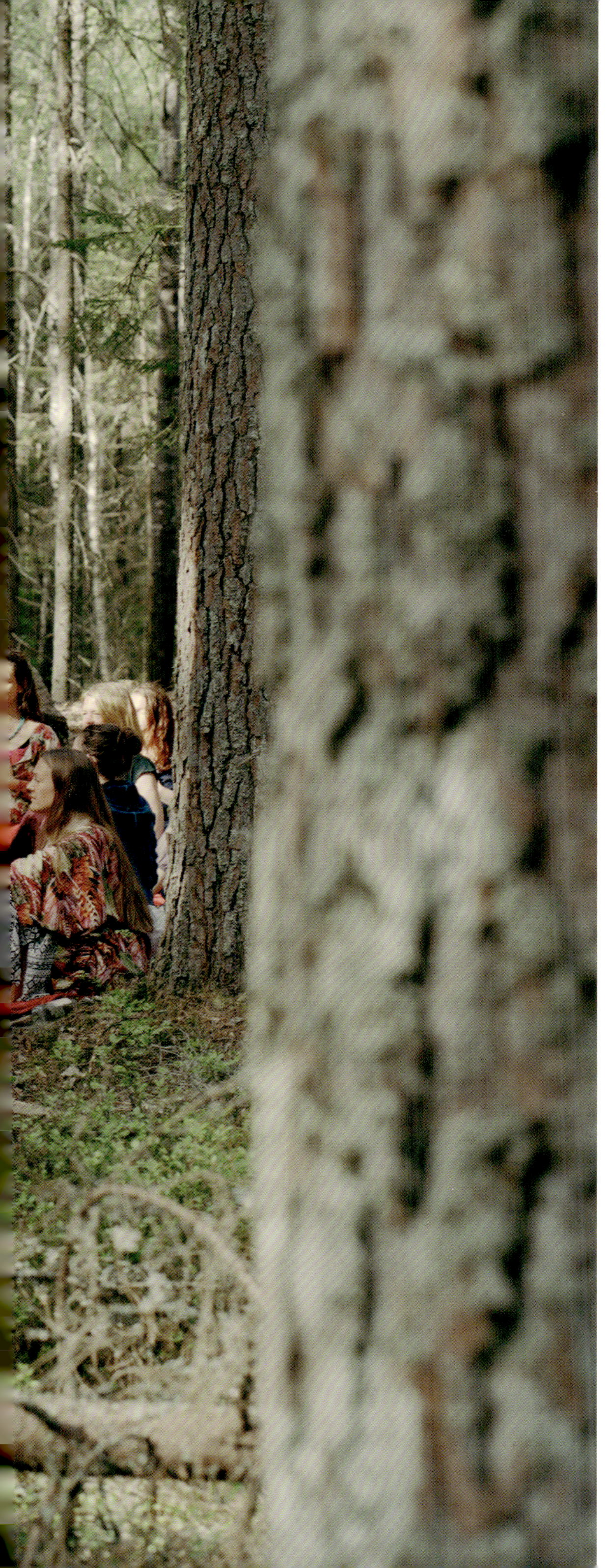

Grandmother Erena and participants

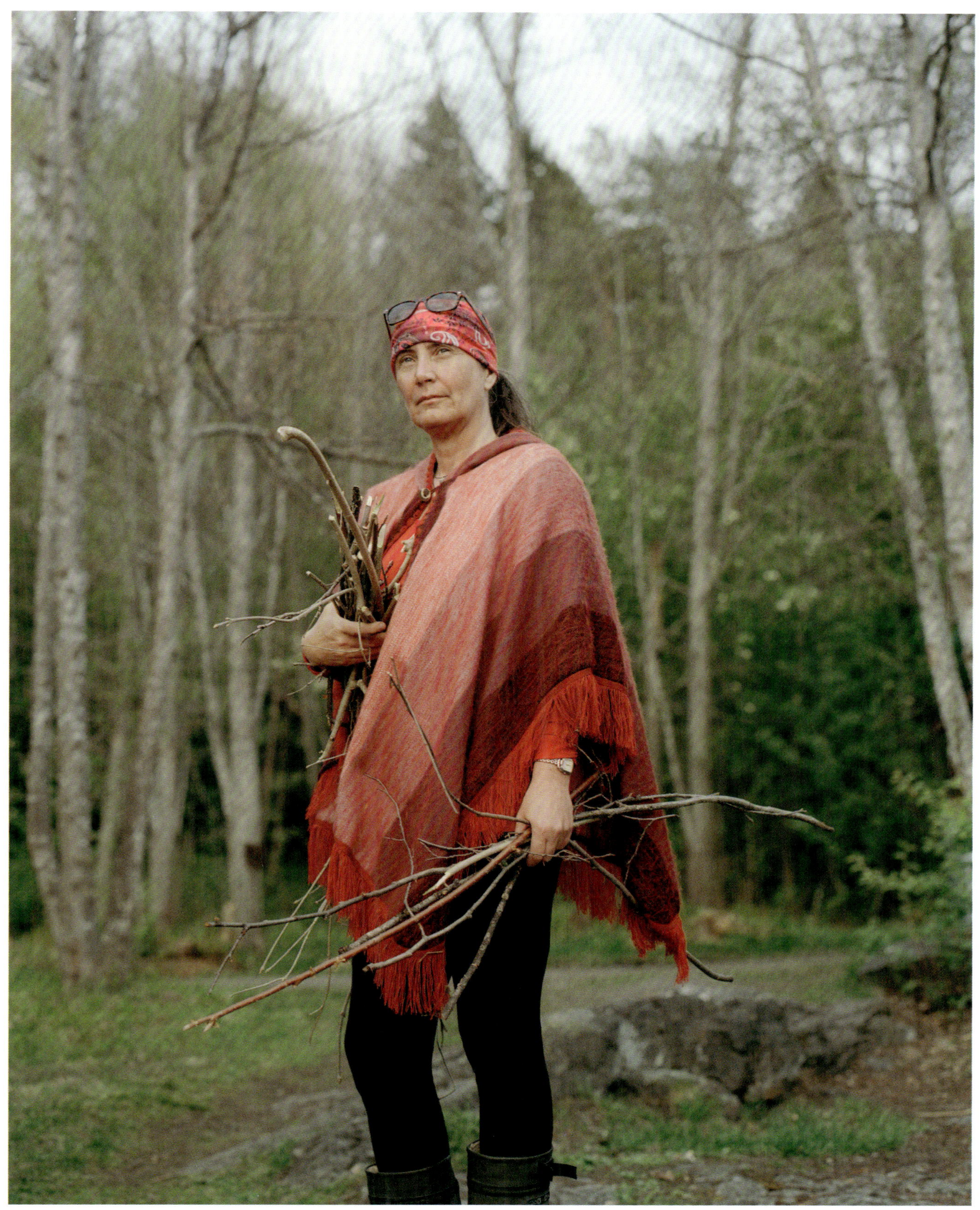

Susanne

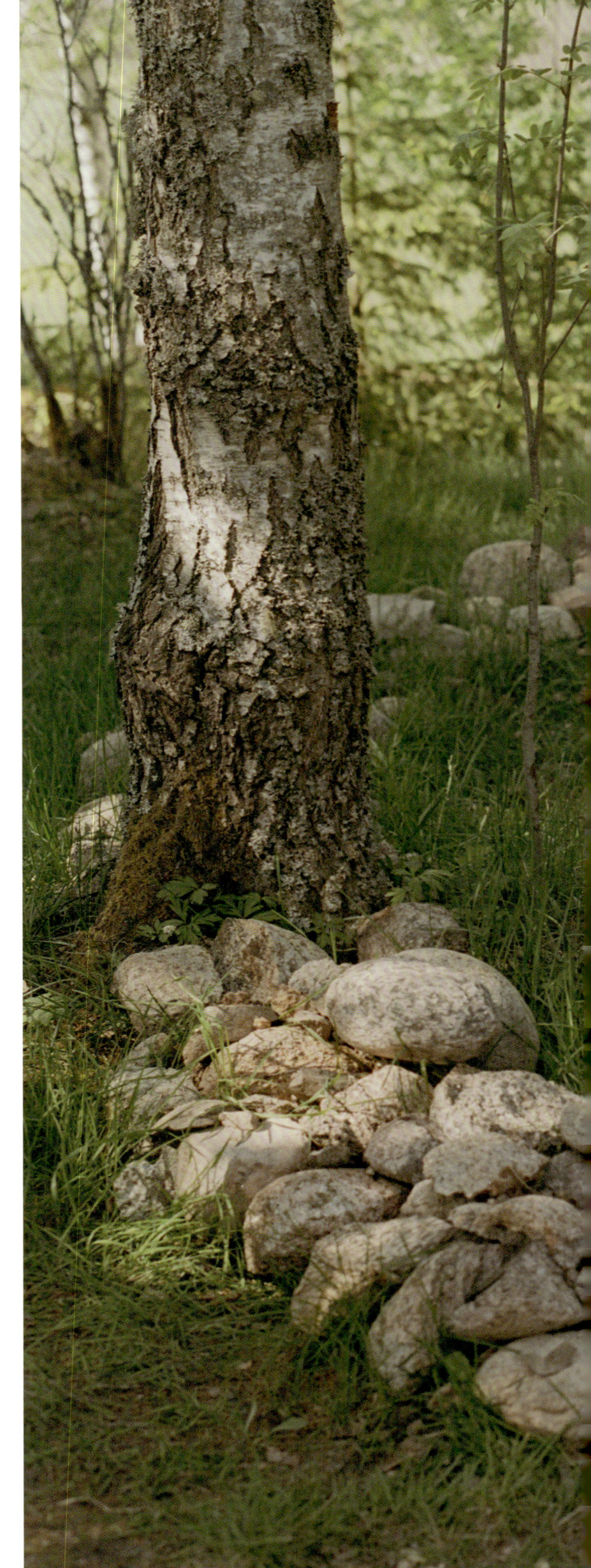

Sweat Lodge

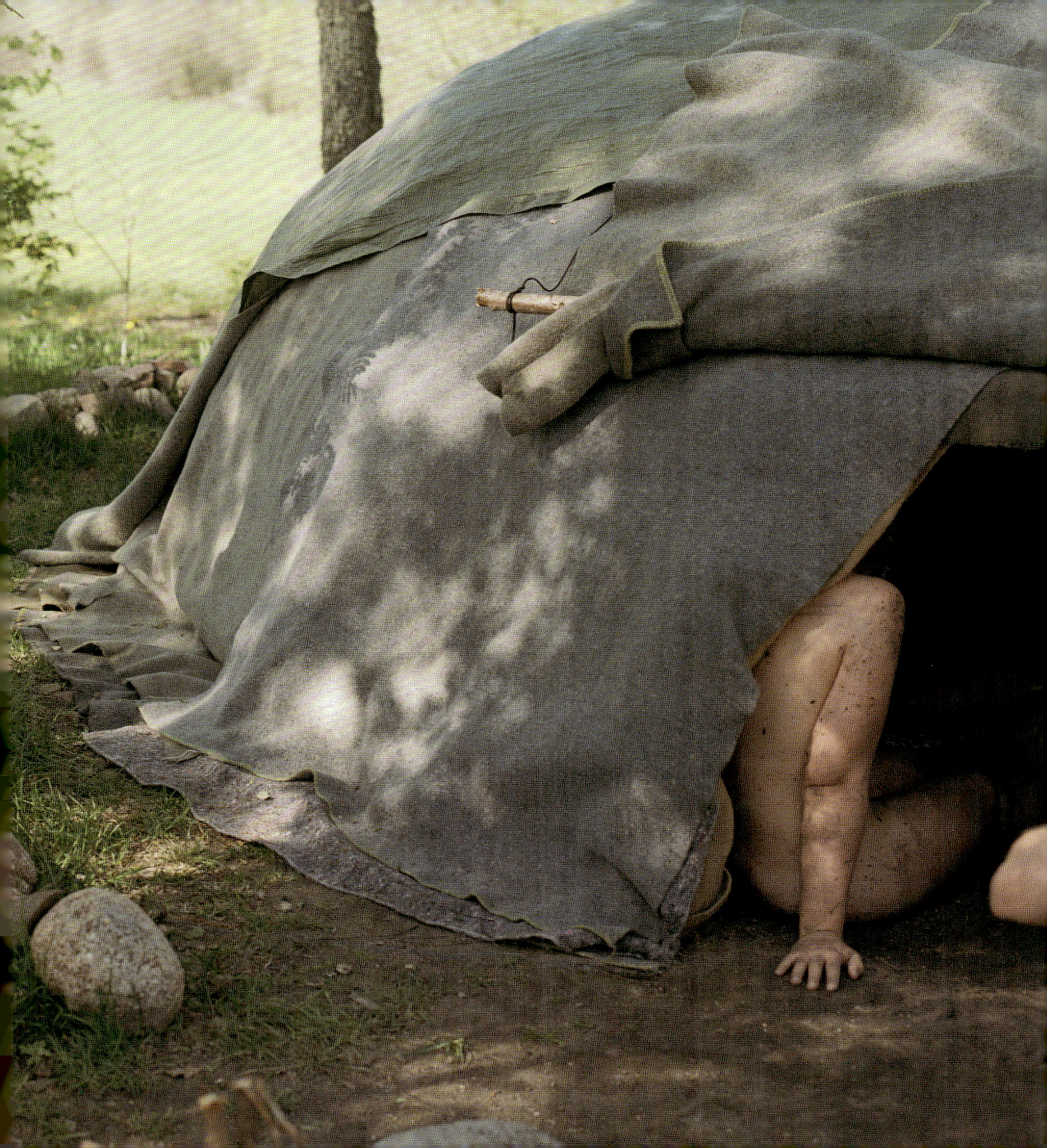

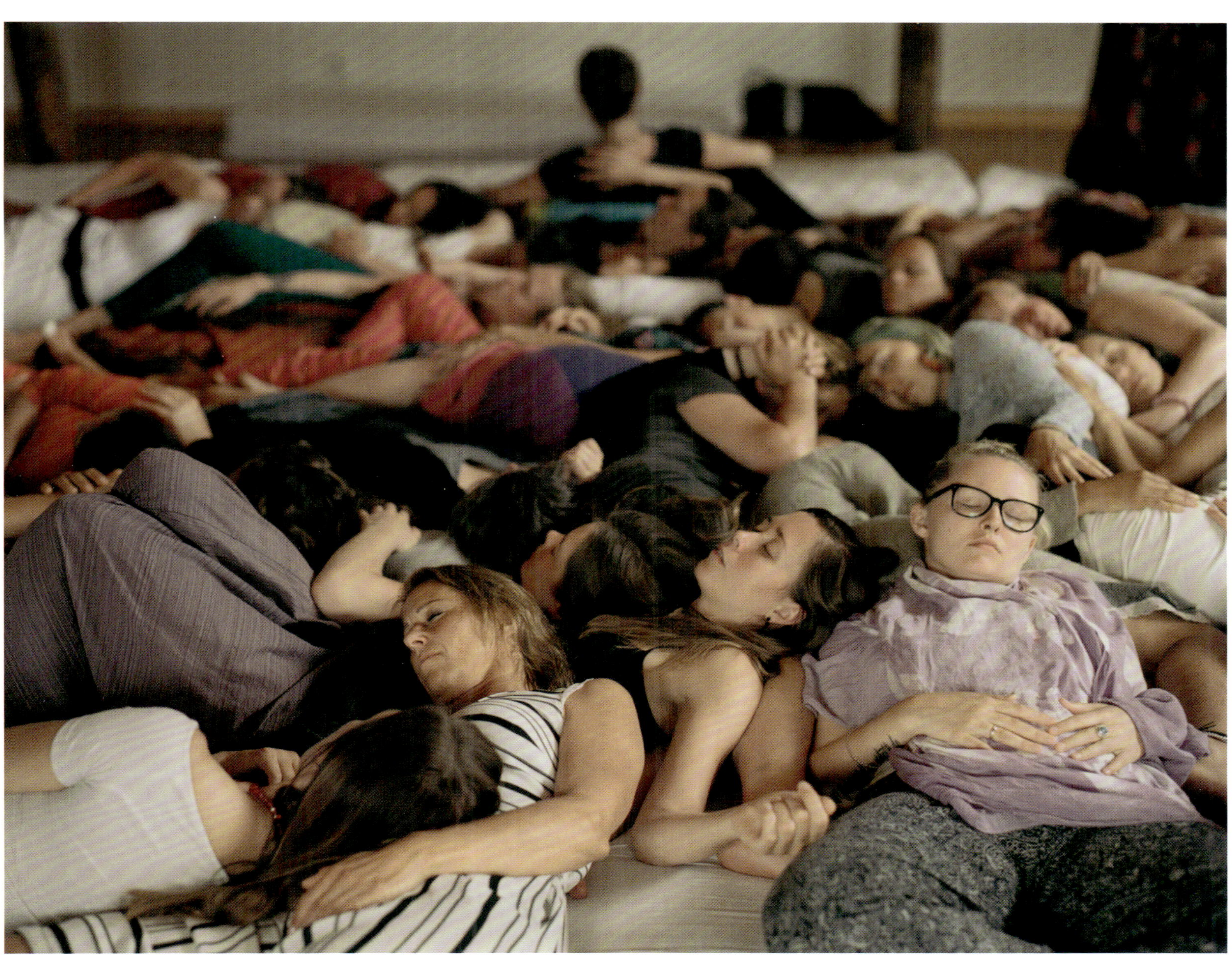

Closing ceremony, Sacred Womb Women's Festival

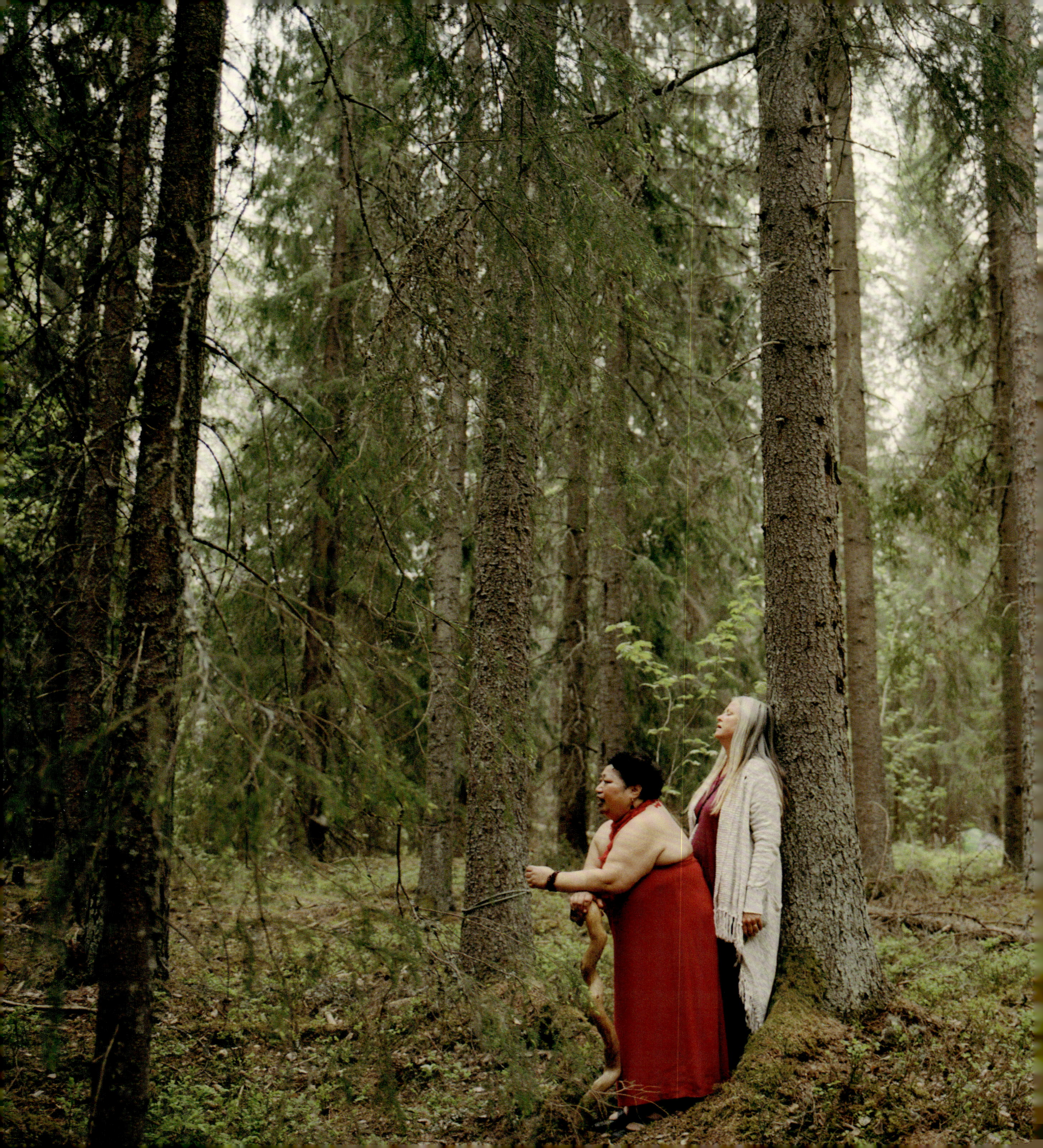

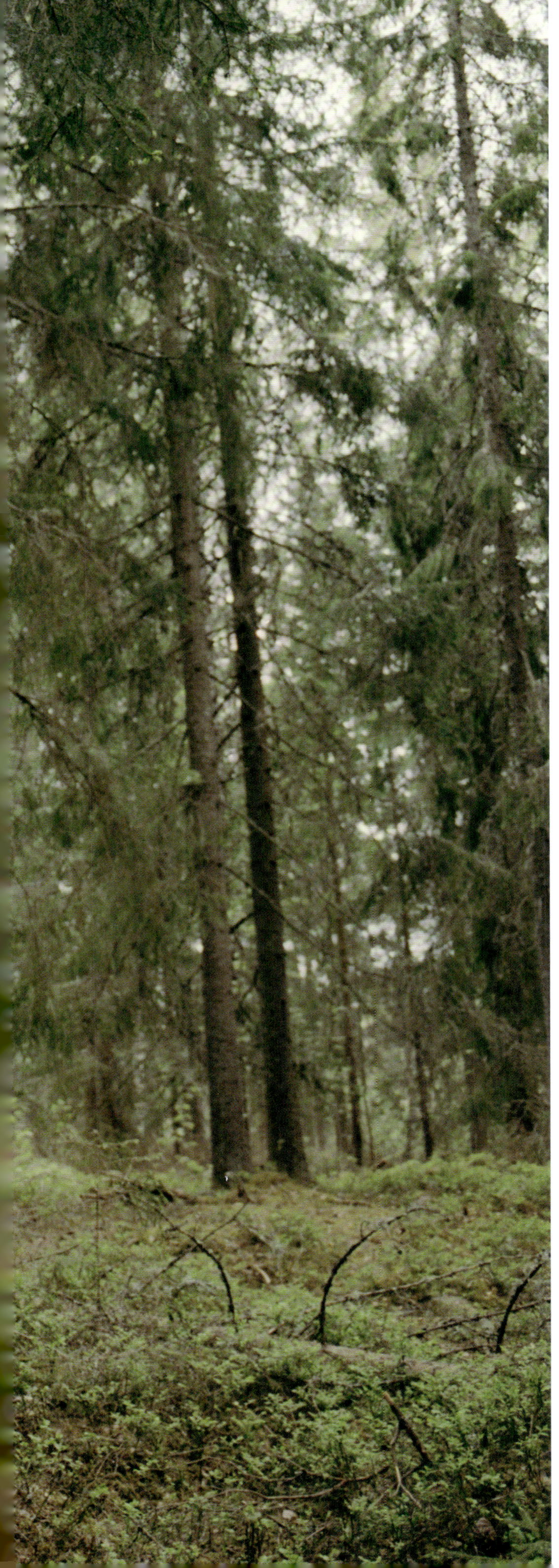

Wisdom of Mother Tree

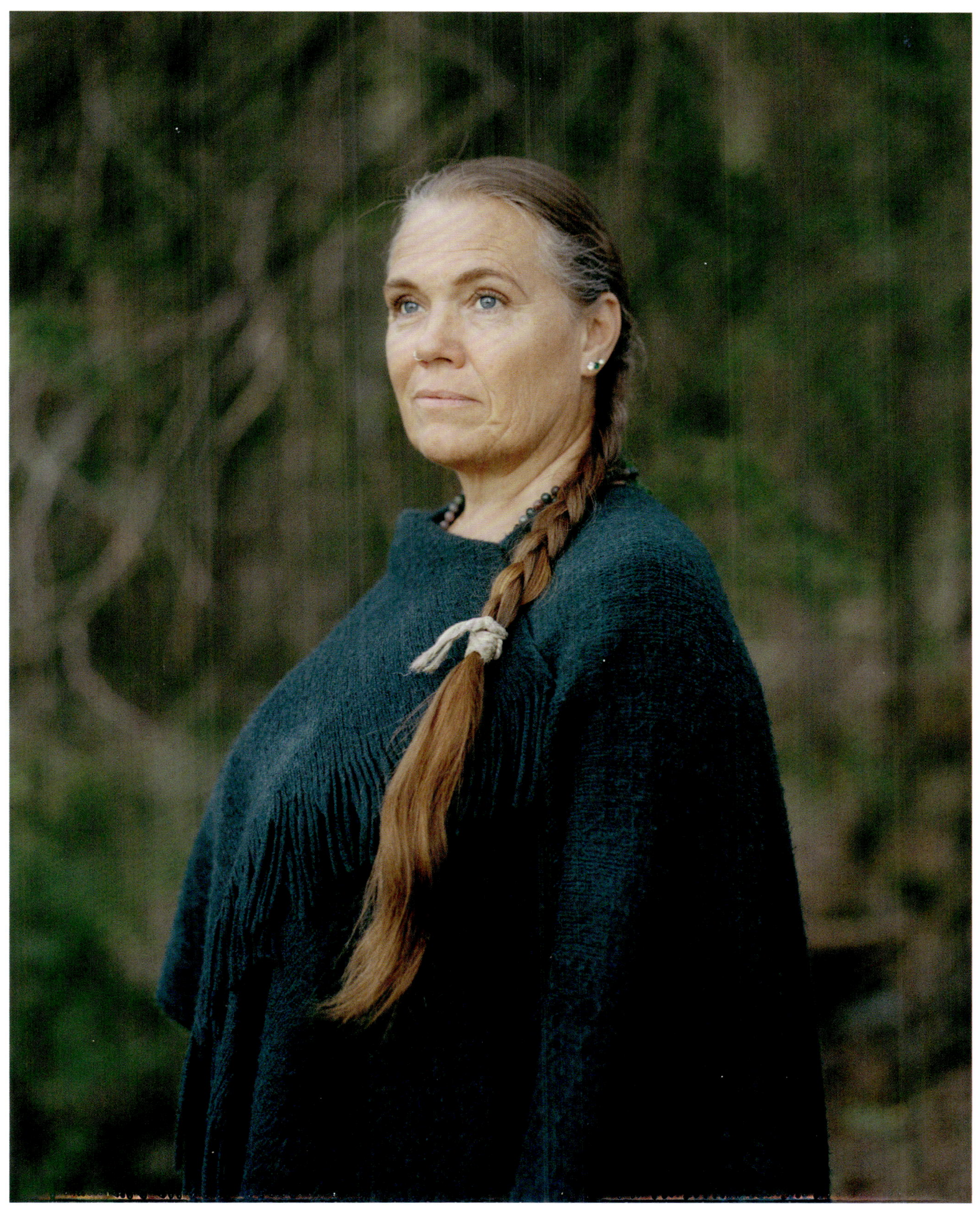

Grandmother Ana

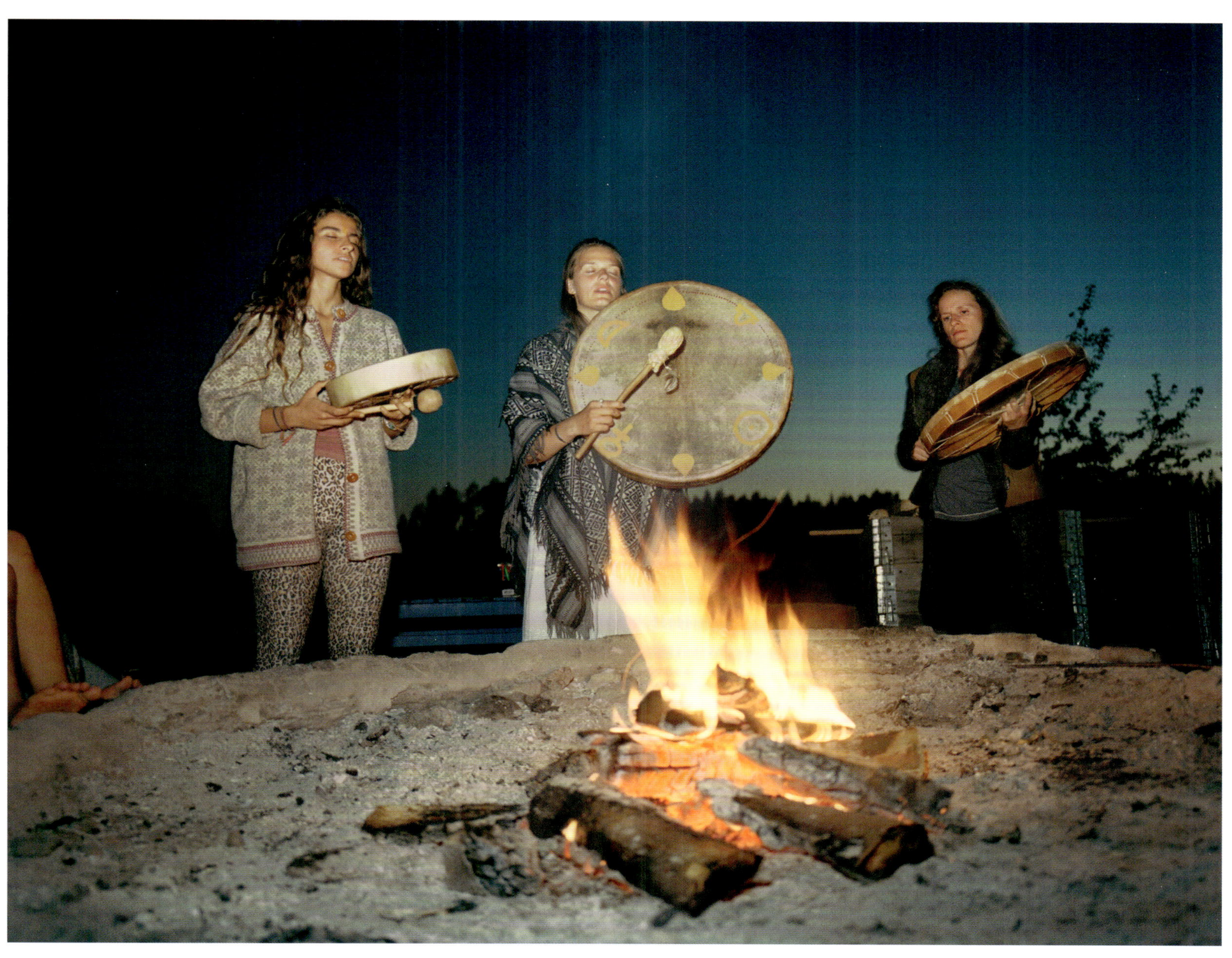

Joana, Bella and Susannah

Menstrual Wisdom Circle

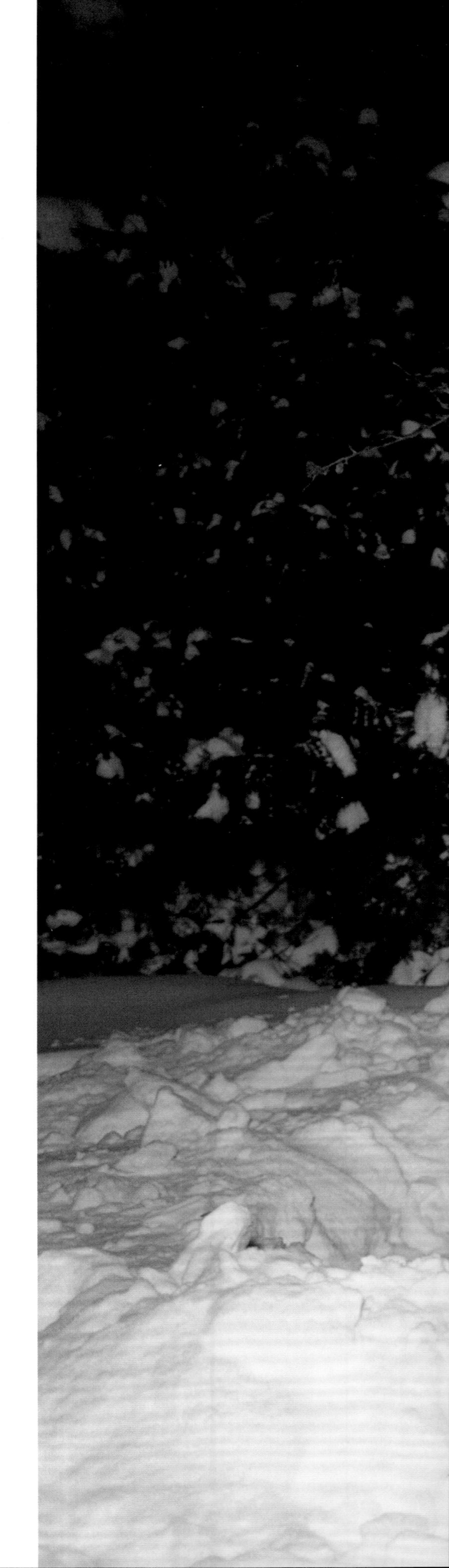

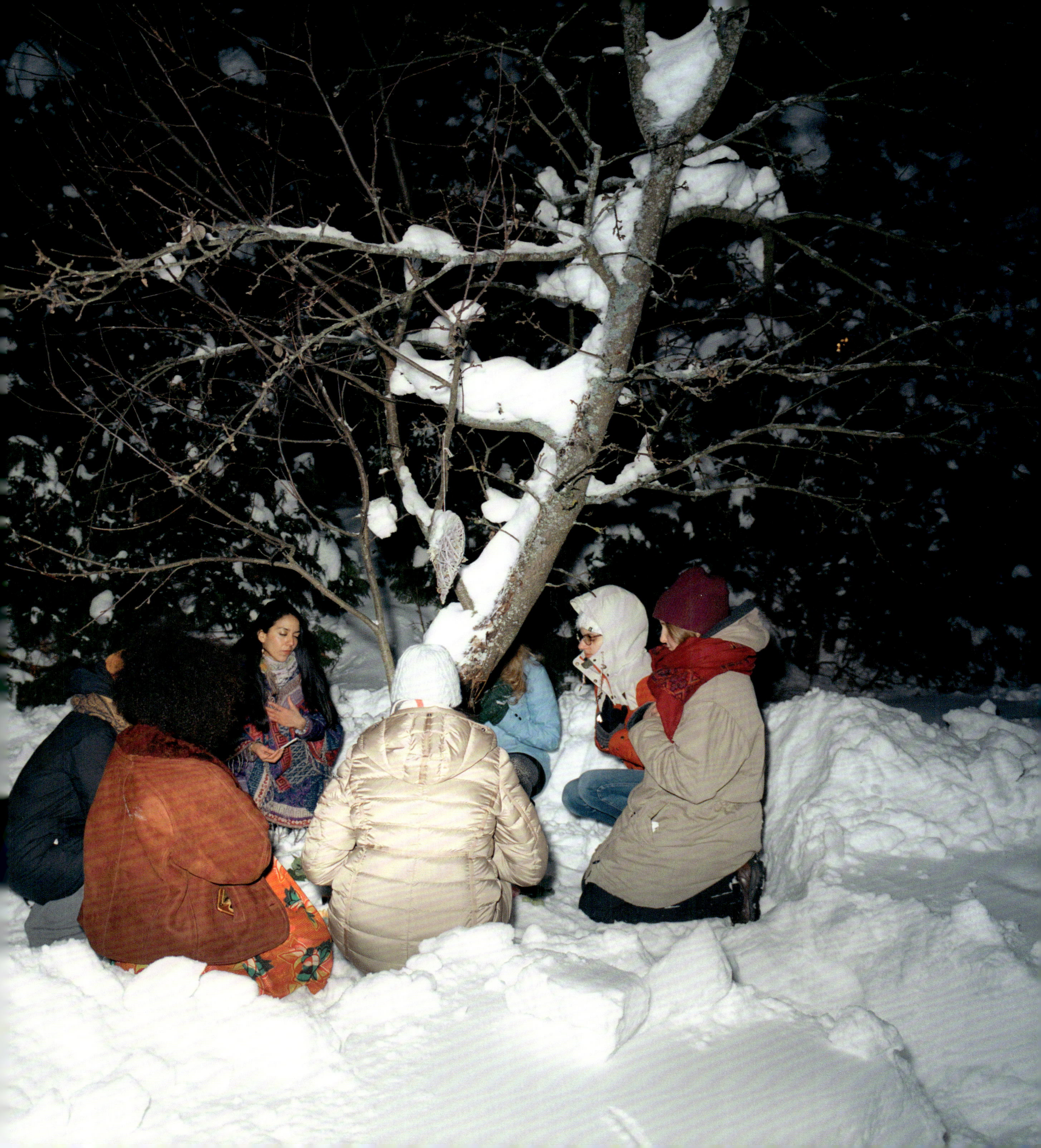

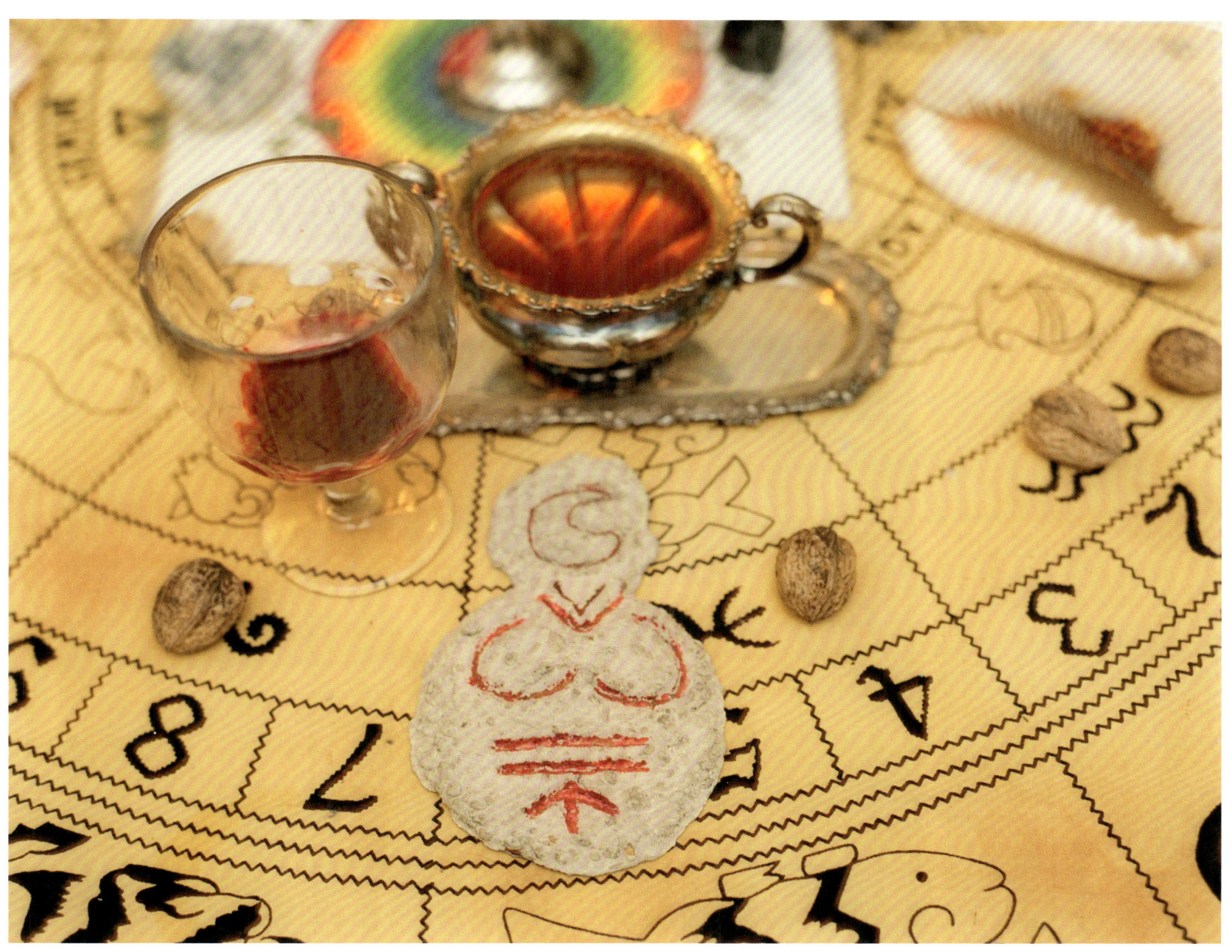

Moon Blood, Menstrual Wisdom Circle

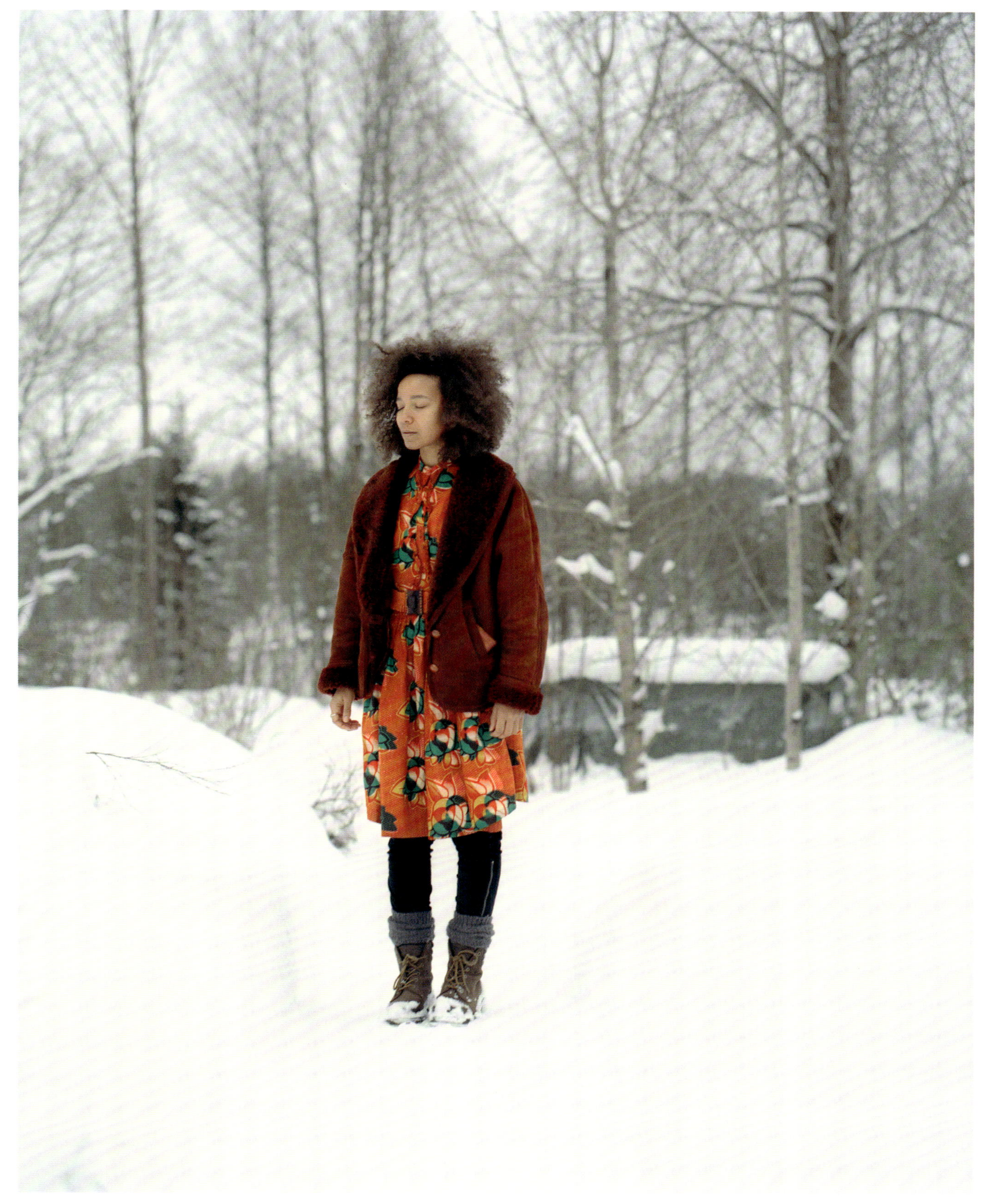

Nina

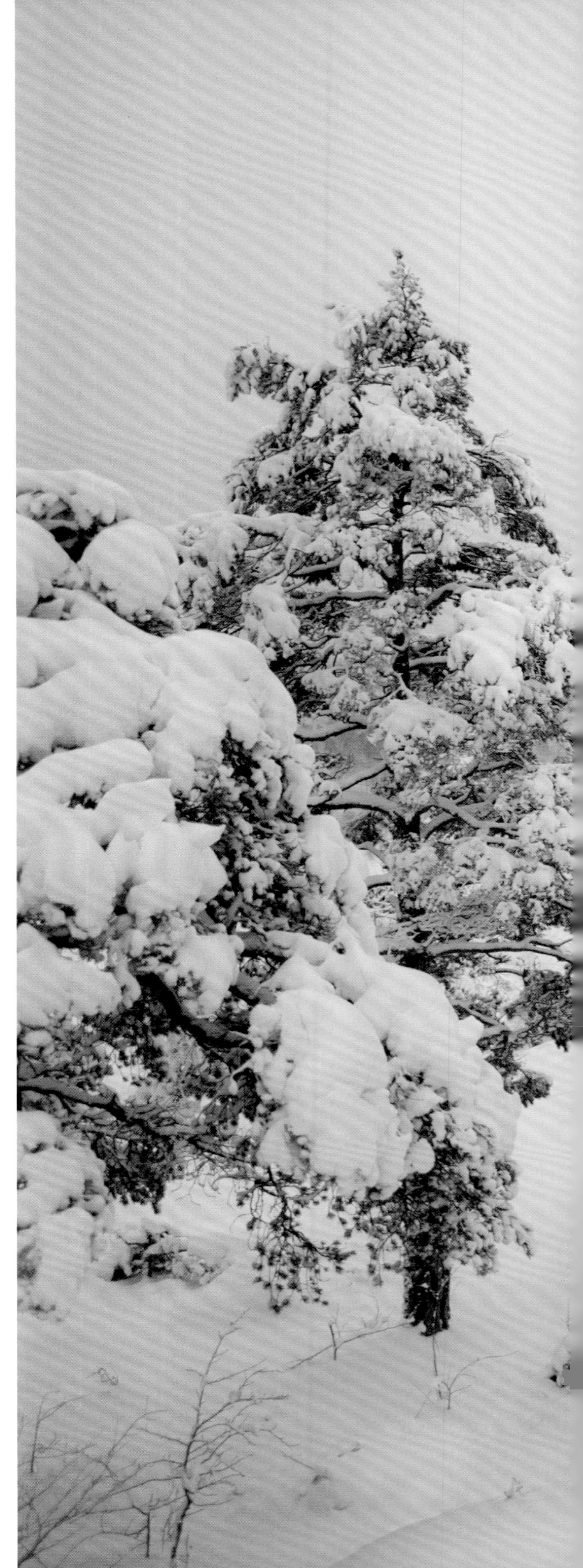

Julie

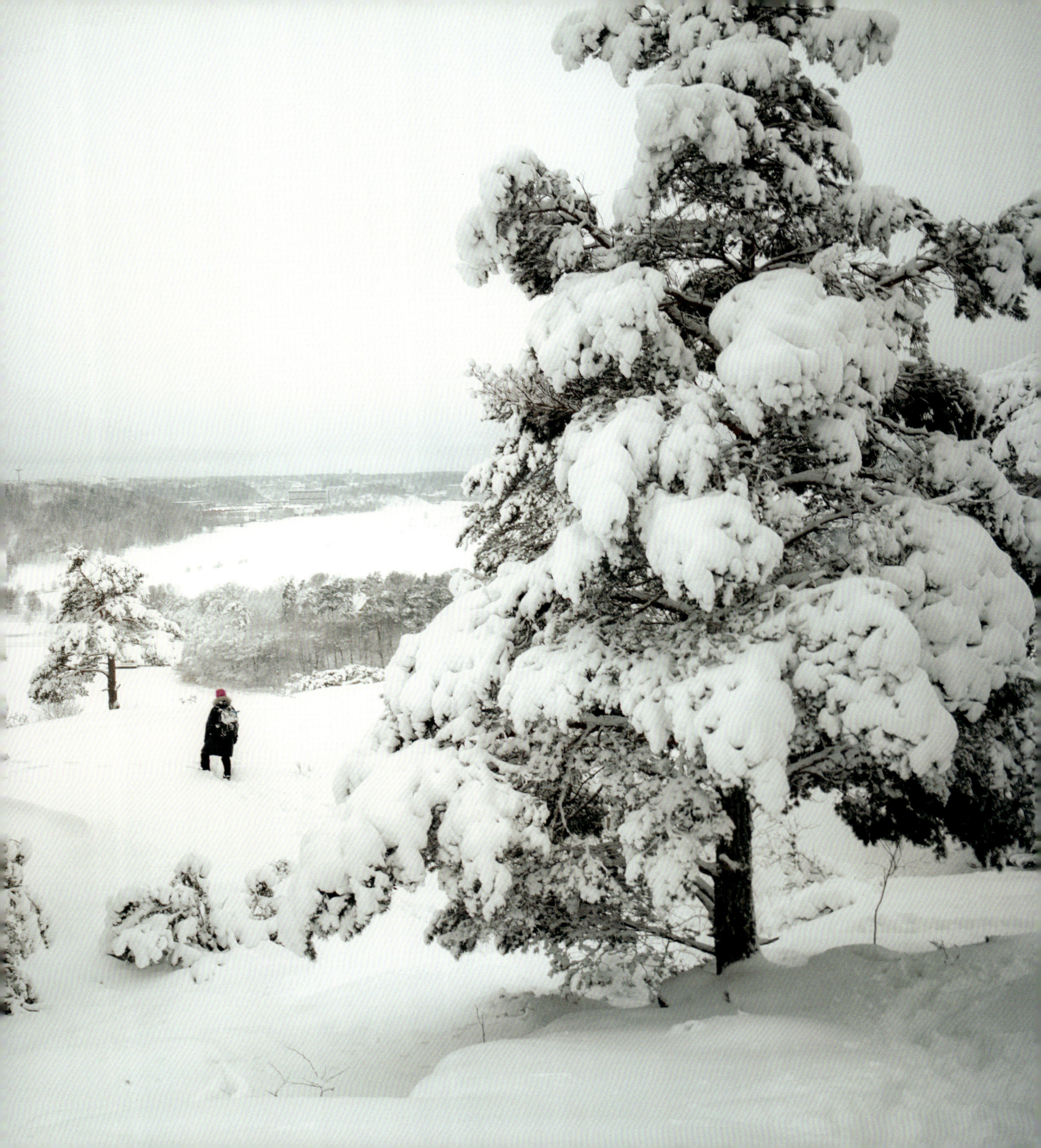

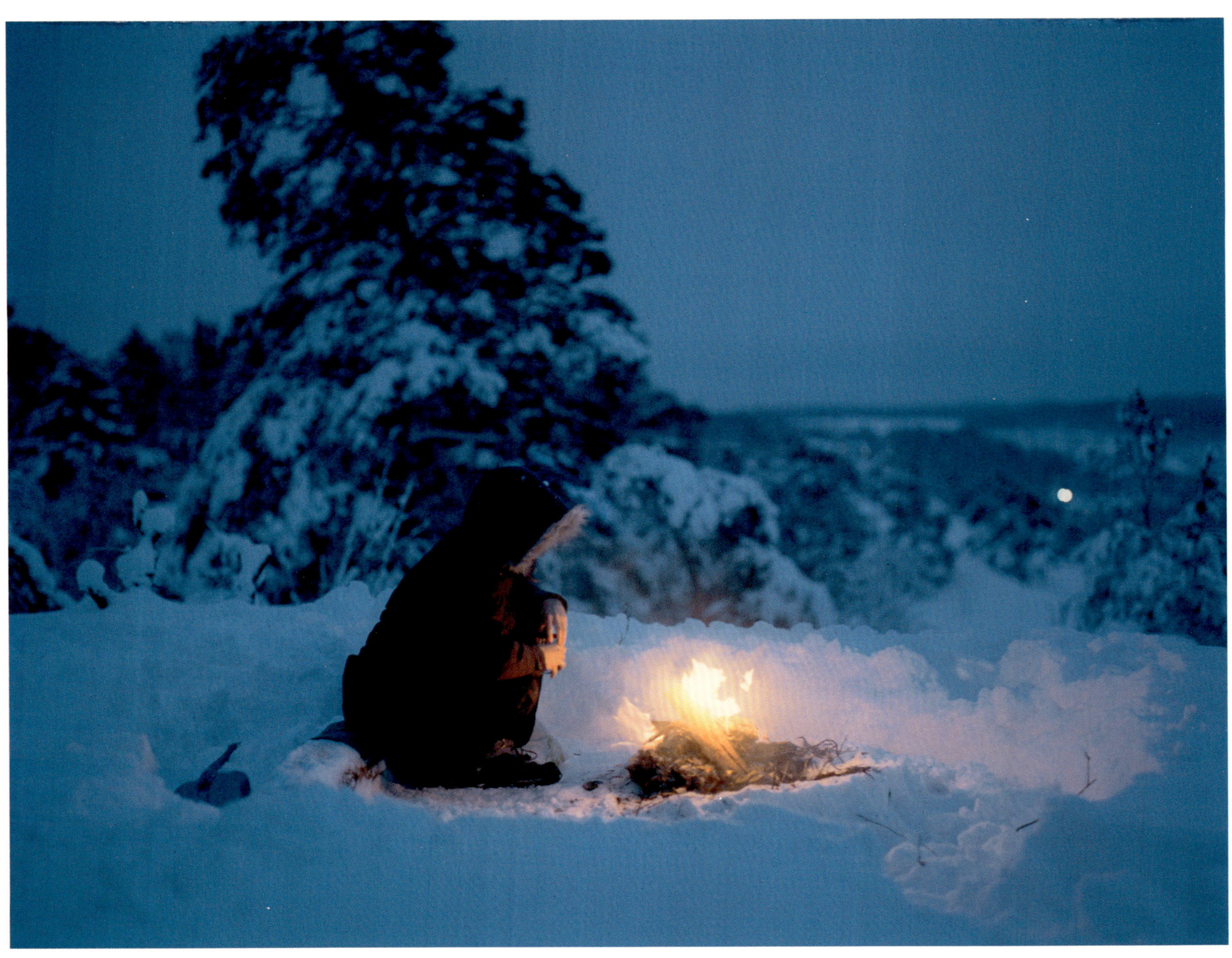

Julie, Death and Rebirth Ceremony

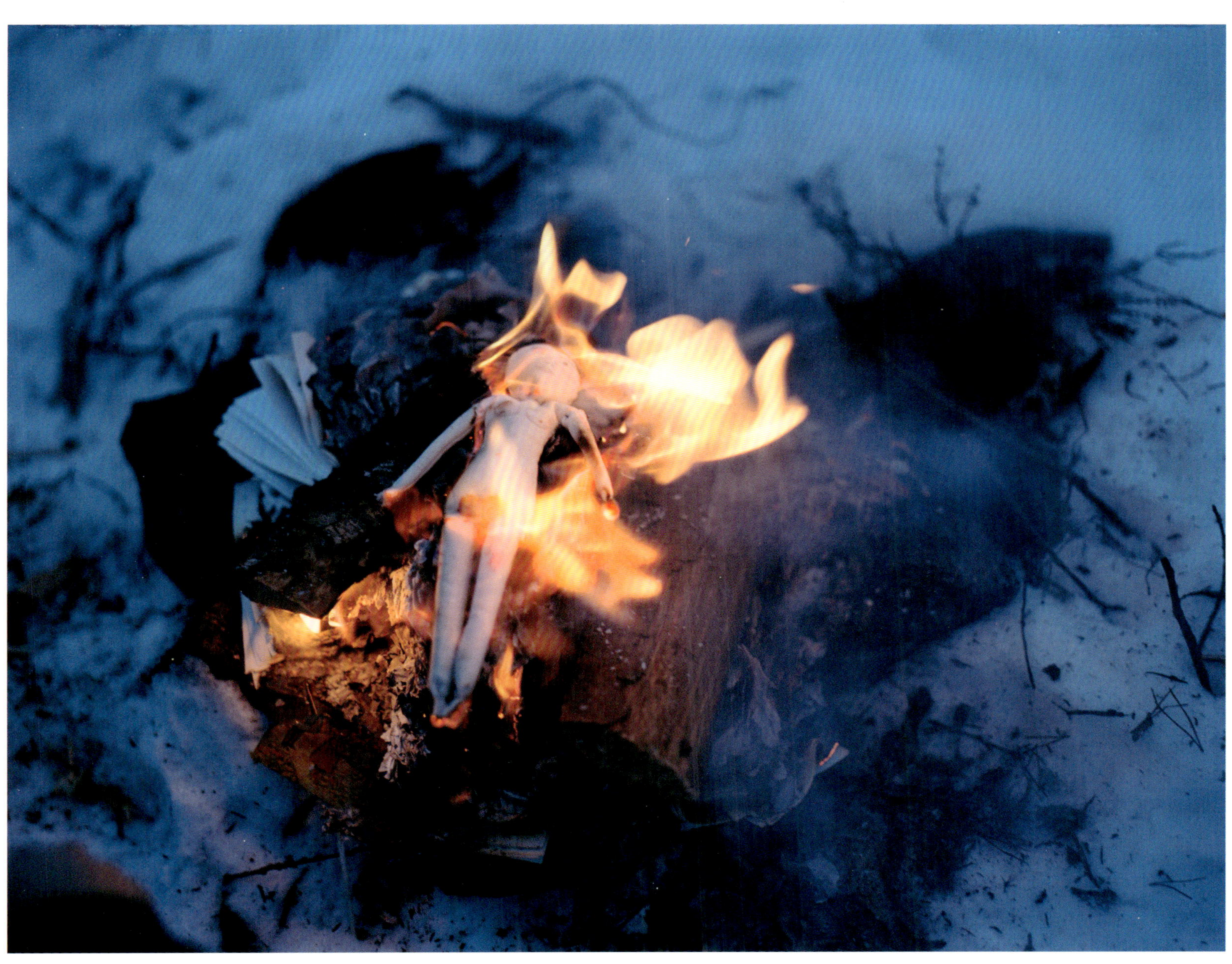

Julie's memories

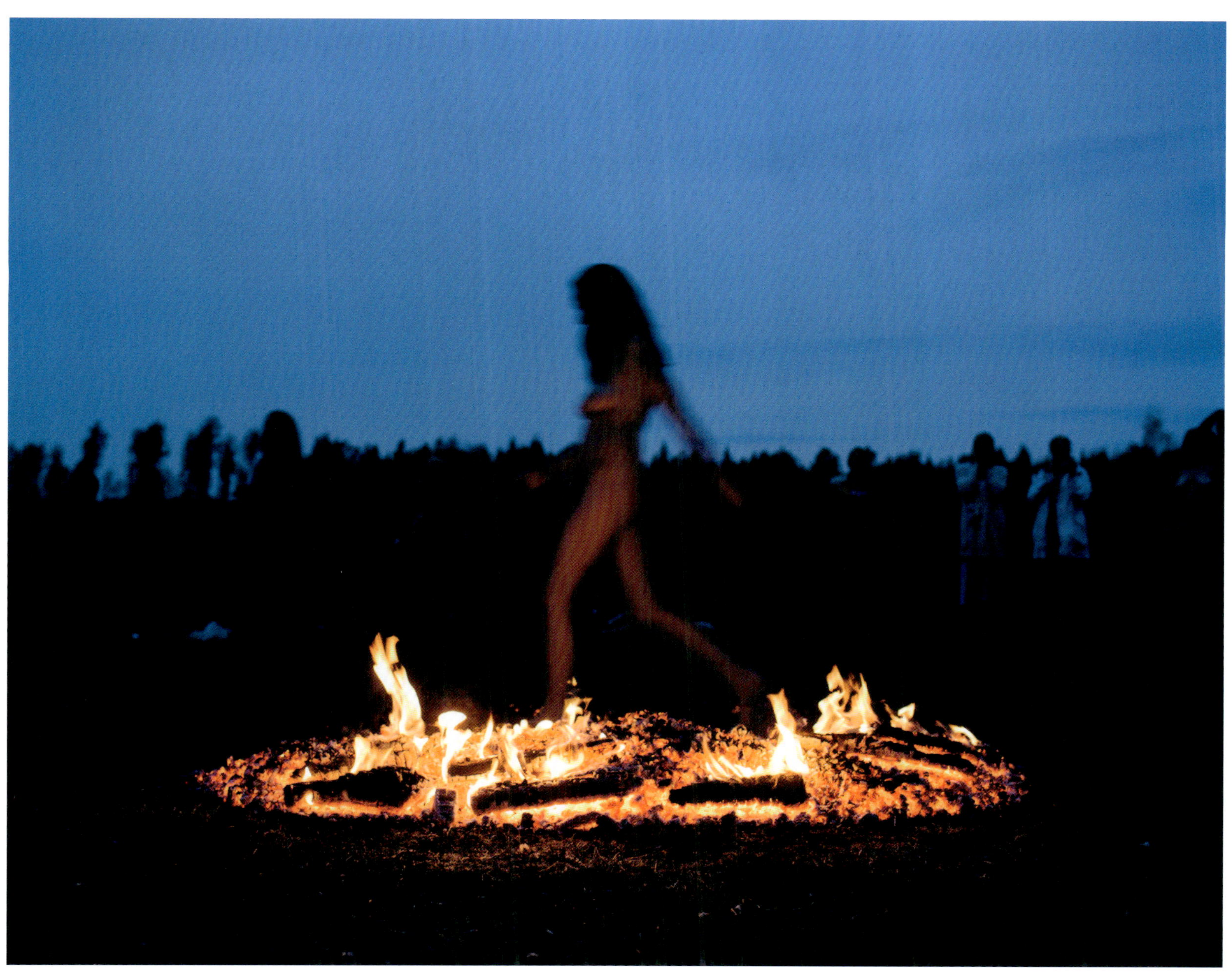

Fire Walk I

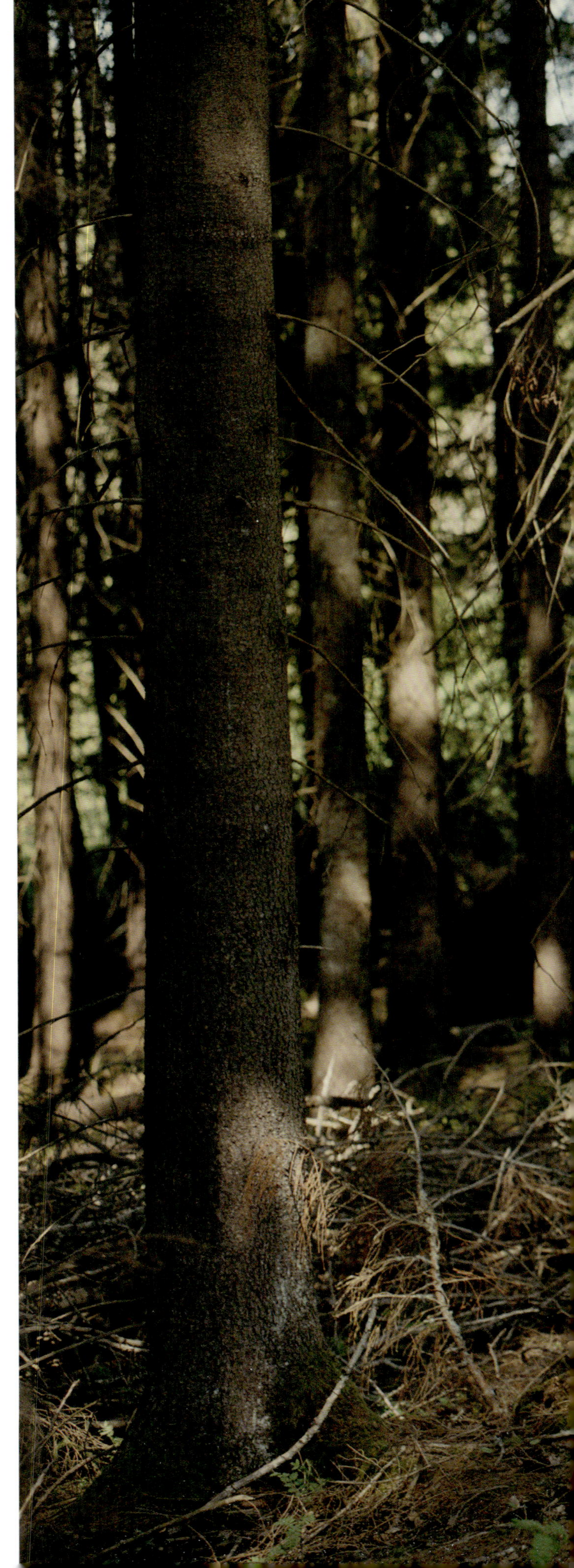

Elin I

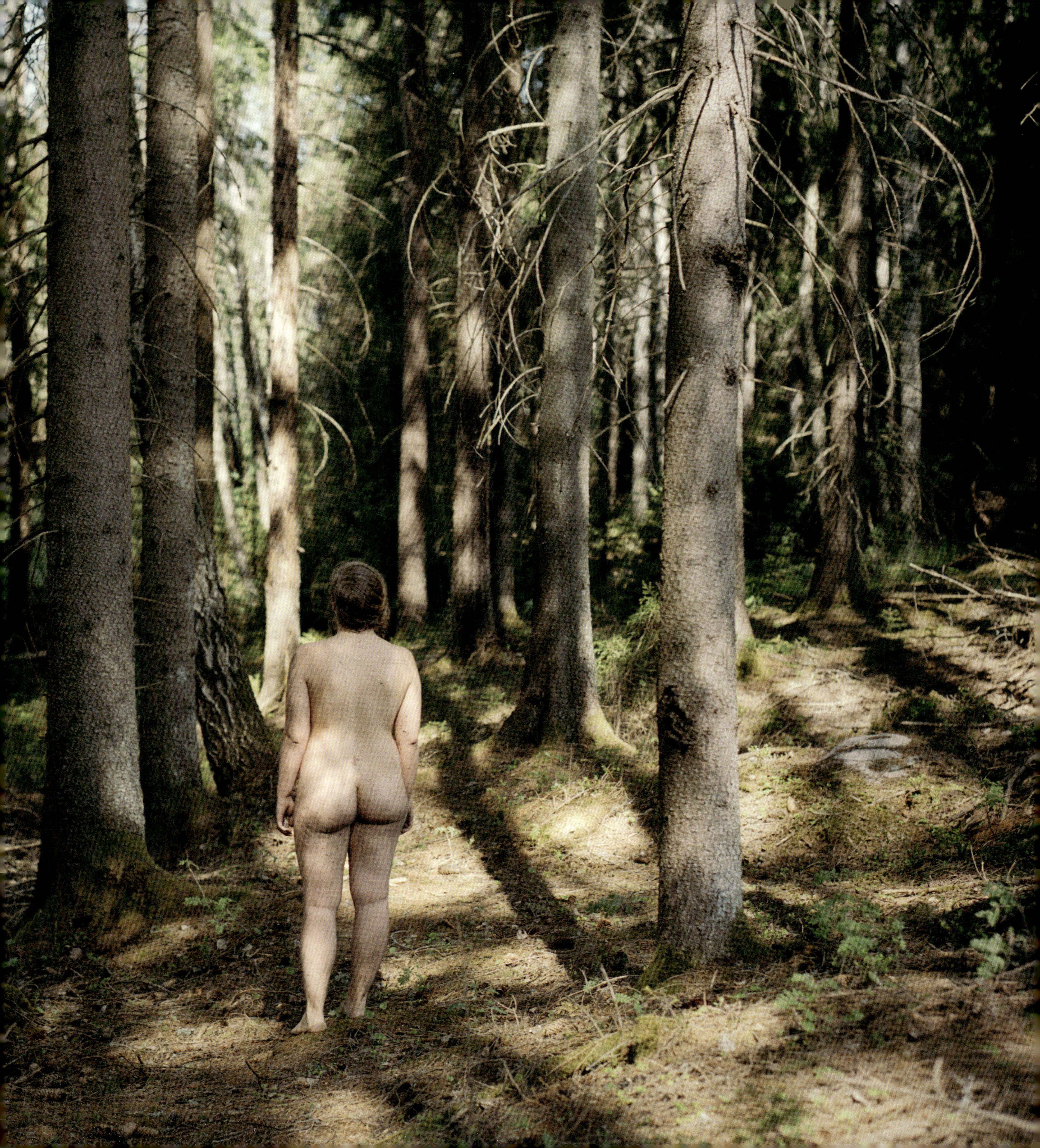

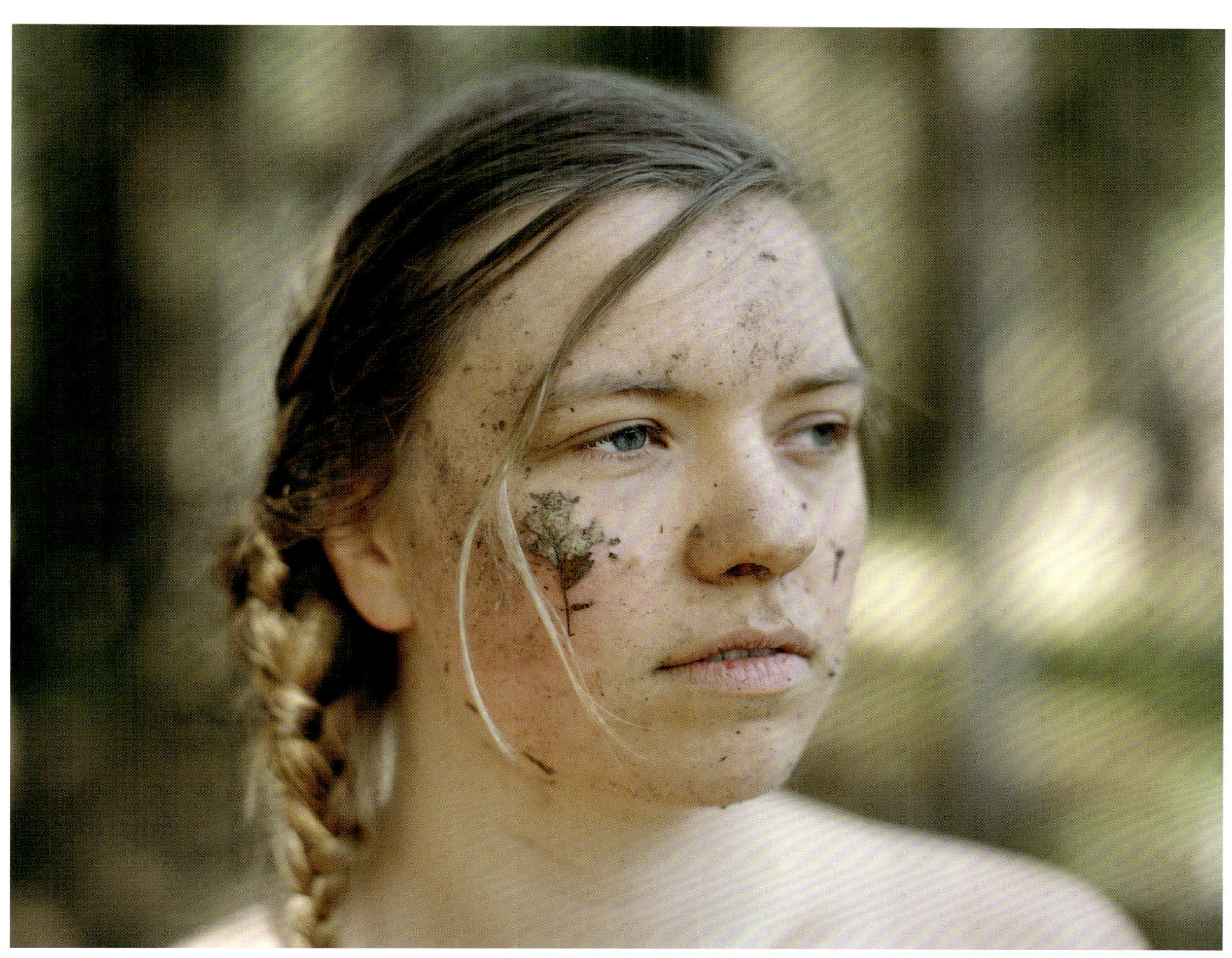

Elin II

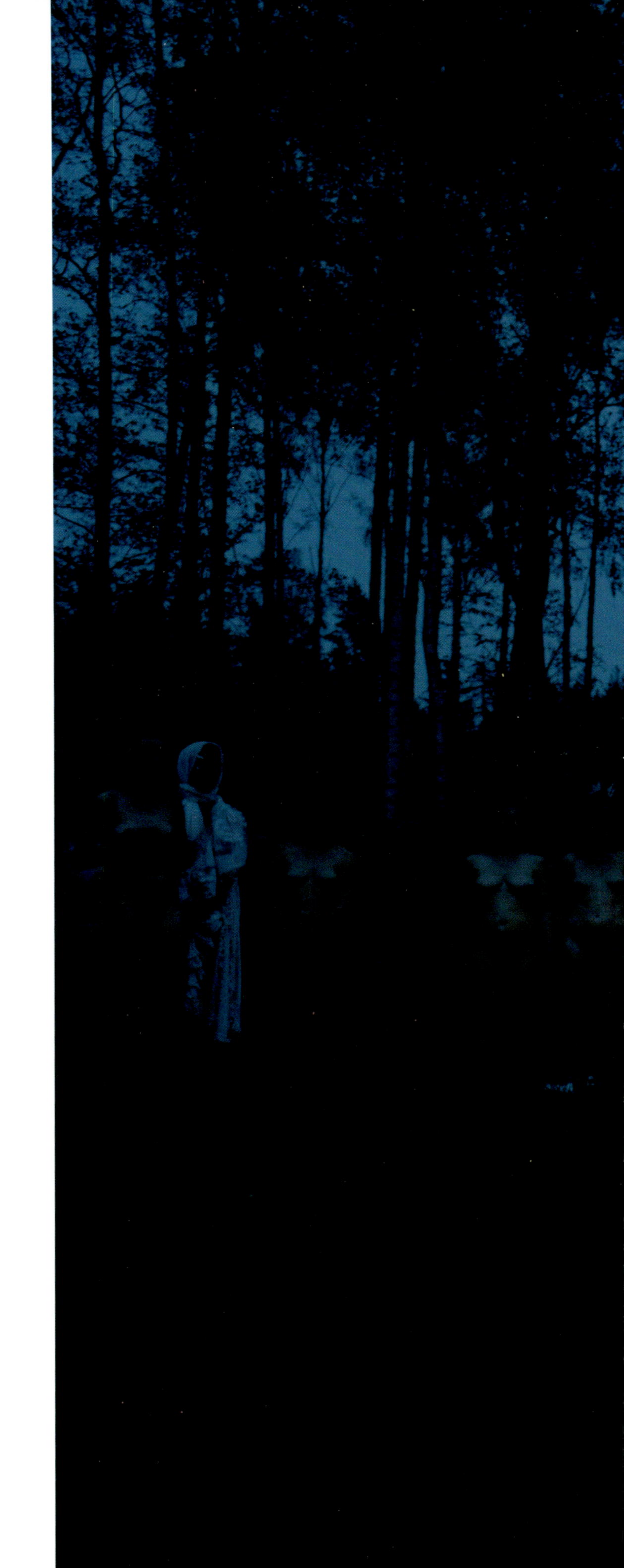

Fire Walk II

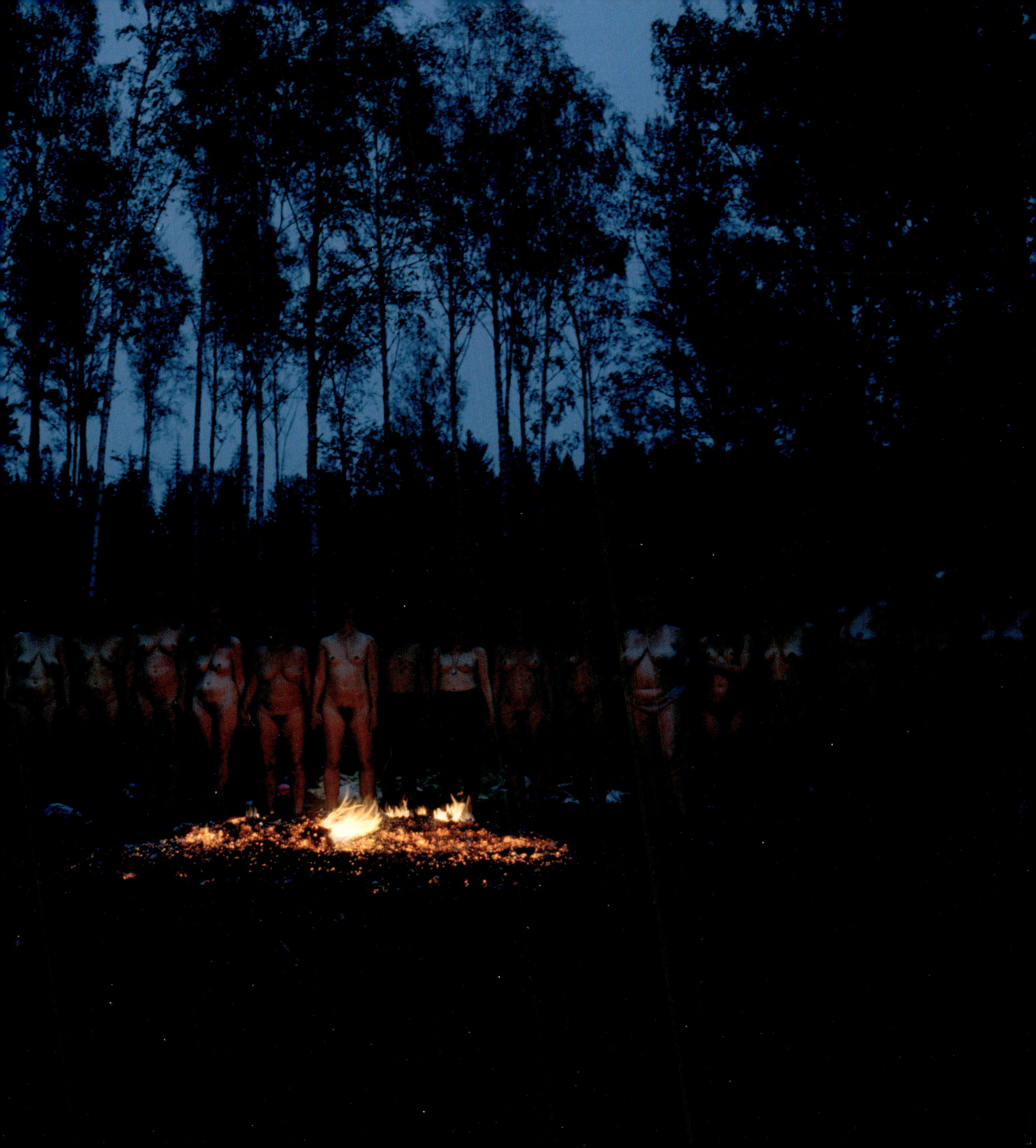

Elin Berge in conversation with Annika Norlin

Annika Norlin: Tell me about the women you followed for this project.
Elin Berge: What they all share is a belief in a feminine spiritual awakening that will mark the end of the era of patriarchy. They foresee women healing one another, leading humankind into a future of peace and balance. To support each other in their awakening, they organise ceremonies and rituals. I photographed those activities at festivals, retreats and workshops. The movement has a presence in numerous countries, but my photos were taken in Ängsbacka, Stockholm, Umeå and Malmö in Sweden and in Helsinki in Finland between 2017 and 2019.

Why did you want to photograph them?
I wanted to see if I could complicate the image of dry, rational post-Christian Swedes – people just like you and me. There is a lack of sympathy for religion in Sweden. The prevailing view is that religion is something less-worldly people concern themselves with, or that it's odd and alien, only for people from other countries. But from a global perspective, Swedes are actually the odd ones out, with our extreme secularism and individualism. Basically, my position is that people have more in common than what separates us, no matter where we're from. And that ought to mean that Swedes also yearn to belong to a community and need to devote themselves to a cause.

A book I often return to is *Sammankomst i elden* ('Gathering in the fire') by the Swedish photographer Sune Jonsson, about Pentecostal revivalist meetings in northern Sweden in the 1960s. The people shown in that book display a spiritual devotion that is definitely not typically Swedish. I guess I imagined I might be able to find similar expressions of faith in the new spiritual world, but I had no idea I'd actually encounter a sort of contemporary awakening movement.

You visited a number of places over a two-year period and participated in many of the rituals yourself.

When I phoned Hajnalka and Alva, the organisers of the Sacred Womb Women's Festival in Ängsbacka, to ask if I could be there, they said, 'The processes that happen here are so intimate, it might be difficult for you to photograph us. But we can give it a try, so you can come and take part along with everyone else and maybe take photos on the last day or two, if everyone feels comfortable with that.' So I knew from the start that I would have to participate as a condition of being there.

I took part, sometimes more actively and sometimes less so, in everything shown in the photos in this book. The activities included purification rituals, meditation, blessings, tributes to each other and to nature, yoga, liberating dances, and practical workshops on the menstrual cycle and natural medicine. The ceremonies and rituals were led by women who label themselves priestesses, shamans or medicine women. One common feature was the 'sharing circles', where women had a chance to talk with each other about their experiences.

What was it like to encounter this world?
The camera was my reason for being there. On paper, I was there in a professional capacity, but as things turned out, I really immersed myself. As you no doubt noticed when we spoke before, I don't think I was fully prepared for how disorientating it would be. I had a strong need to process it all.

Yes, you told me about your experiences nearly three years ago. We barely knew each other then. I became totally obsessed with your project, and since then we haven't stopped discussing it: the feelings it awakens in us and why, how it reflects our times, with #MeToo and the climate movement. And I recall you saying once that you'd never had such a hard time maintaining a distance from a project as on this one.

As a documentary photographer, I'm always participating in other people's worlds. It can be tricky to maintain a balance, with one foot inside and one outside. This time it was several layers more difficult, because I was participating in situations that sometimes triggered personal processes and sometimes brought me very close to the other participants. I got in so deep that it was sometimes hard to get one foot out again. I've felt humbled and at times a little frightened by the trust I was granted. After all, trust entails great responsibility.

Please tell me about this photograph (page 30).
We performed a ritual called Sensual Nature Nurture, which was an outdoor meditation session that concluded with orgasmic breathing. I wanted to capture the mood after the ritual, so the people who wanted to be in the photo crawled to a different spot. I took the photo as they were on their way there. They were so engaged with their feelings that they crawled rather than having stood up and walked. There's something mad and joyous about that image.

That photo makes me stop and contemplate it. It starts an internal dialogue for me.
Same for me. Female desire isn't often seen in that way. They're not pleasing anyone else.

It takes me a while to erase that sexualised gaze, because that's how we're accustomed to seeing images of naked women. But this photograph chafes under a sexualised gaze: it seems out of place and you can't grasp what's going on until you're forced to change your way of looking at it.
That's something I want to achieve with my photography, to interrogate the gaze. I've debated with myself over what happens when rituals are photographed. The events in these spaces are not meant for outside viewers. Everything that happens can only happen in the absence of the male gaze. But the camera might represent the male gaze, which complicates everything. At the same time, it felt like the camera was a part of me. I was there while these things were happening, and my position is that I was simply documenting what we created together.

One instinctive response is that I want every woman to see these images, but I want to shield them from men – not because I mistrust men, but because I think they might have a cultural lack of the necessary experience to understand these women.
Do you think it's wrong to publish these photographs?

No, definitely not. But I think many women long for something that might be hard to understand for anyone who hasn't had to struggle against it their whole life. Close off your body so that nobody sees you, nobody approaches you, nobody misinterprets what you want, nobody demands anything from you. Smile so that you don't look grumpy. Arms across your chest, cross your legs, look out of the bus window, walk home quickly after dark. In short, I think I understand why these women do the things they do. It's not about taking off all your clothes and doing mad things – which I fear some people might think.
I've felt exactly the same way, that these photos will awaken a longing in women. And when I've spoken to men, I've often encountered a lack of understanding. Many of the photos are really striking, and the men I've shown them to have reacted more like, 'What a bunch of exhibitionists'. I actually think it's difficult for many men to look at images of women without assuming that they want to be objectified.

Tell me about your choices of chapter titles: The Maiden, The Mother, The Enchantress, The Crone.
Within the movement, there is an idea that women's bodies function differently from men's, because we exist in relation to our menstrual cycle, yet we deny it because we wish to conform to society. This is said to be one reason why women are unwell. We don't pay attention to our bodies. They also believe that because of our menstrual cycle, we have a different way of relating to time: we are currently living in a linear, masculine time, forwards and upwards, when we should be focusing on nature's *circular* time with cycles of birth, death and rebirth. They say the menstrual cycle encompasses four different phases. Bleeding – 'the Crone' – represents death and rebirth. The time before ovulation – 'the Maiden' – is an exuberant, confident time, filled with energy. Then comes ovulation – 'the Mother' – when women

are more nurturing. Then comes the premenstrual phase – 'the Enchantress' – a time when they need to withdraw into themselves and take care of their inner darkness.

I'm especially taken with the notion of the Enchantress, because that's an archetype that is so laden with shame. The wild, hysterical woman. Within the movement, it's embraced as an opportunity to get to grips with difficult things.

Considering all the powerful images in this book, I was surprised that the 'Mother' photos are the ones I feel most strongly about.

Could it be the clear sense of nurturing they depict? That really struck me too. Awakening is not supposed to be a lonely process. It's created through sisterhood. I think there's enormous power in that. In a way, I can almost understand these women's vision that this is going to transform the world.

I'd like to pick up on something you and I have spoken about a lot: the topic of shame. I'm ashamed of the interest this arouses in me. Even now, when we're having this conversation, I feel ashamed.

I found it really difficult to talk about this with my colleagues. From the start, *Awakening* was part of a Nordic project my photography collective, Moment, was working on, and I took part in a bunch of workshops along the way. It was so hard to maintain a perspective in the midst of the process. It was also hard to relate to my own family and friends. Most of them thought it was really hippie-dippy stuff. I think that shame primarily relates to the fact that New Age women are often portrayed in such a ridiculous way. In our secular society, believing in a higher power is regarded as almost abnormal. Nobody wants to call themselves New Age or religious – not even the women I photograph. To earn respect, people are supposed to be rational and scientific. The women in this book are well aware of this, so I was struck by how brave they were to open up about their beliefs. Women have always been at the forefront of this new spirituality, with the natural consequence that it is accorded a lower status. These undercurrents have always been present, bubbling under. So if you feel drawn in and are immediately overwhelmed by shame, everyone else has probably felt the same. Studies conducted on us poor, godless, post-Christian Swedes show there is a huge interest in new types of spirituality.

Something we both found hard to relate to was that while our generation's feminism made efforts to erase gender roles, this was about affirming the specifically feminine.

I think our resistance is partly a generational thing. My impression is that the younger women I photographed find it much less problematic. They don't seem to stress over being trapped in their bodies by biology; they regard it as a matter of masculine and feminine energies. Once the feminine reaches the same level as the masculine, everyone will enjoy the freedom to choose who they want to be, because everything will be acceptable.

Was there anything about the movement that you found worrying? For me, alarm bells always ring when a group of people with a spiritual agenda gather outside mainstream society.

I haven't seen any signs of anything worrying or cult-like. There is no organisation, no leadership hierarchy, no rulebook. They always make a point of letting everyone have their say, and each person should do what feels right for her. Having said that, I do think it's important to be vigilant. Spiritual movements always reflect their era. Our world feels really dystopian right now, and there have been times in the past when a charismatic figure turned up, promising that a supernatural power would lead us to a utopia.

I'm sensing some very powerful inner processes that are sparked during the rituals.

They can be incredibly powerful, and there is no designated psychologist on site. I've wondered about that. The idea is that the sisterhood provides sufficient support. For example, I did a 'death meditation' where I was supposed to imagine my own death. I think the point was to make us embrace life by daring to address death. I imagined myself lying on a bed, taking my final breath, surrounded by my husband and children. While meditating, I took my final breath. It was horrible. I felt concerned about what would happen to everyone when they went home with their processes. Will the sisterhood reach that far?

How were you treated in the context of that experience?

I was really shaken. But then Hannah-Maria came up to me – the woman pictured on the front cover of the book. She gave me a big hug and suggested I go off into the woods and sit there for a while. I came upon the remnants of an altar from another ceremony. It was bathed in a magical light. I was inspired and took a photo (page 109) and forgot all about the blackness. It was wonderful. I mean, I'd just died! And here comes a woman, twenty years younger than me, with a sort of rebirth. I'll never forget her.

What have these women taught you?

I went out in search of contemporary phenomena that might be regarded as divine. The memory of the times I could actually feel a sense of something akin to holiness will stay with me. It's left the door slightly ajar to a more permissive, magical world. And I suppose that's how most people in these situations feel as well. Life goes on as usual, but sometimes that mystical door opens enough to step through.

Ett samtal mellan Elin Berge och Annika Norlin

Annika Norlin: Berätta om kvinnorna du följt.
Elin Berge: Den gemensamma nämnaren är en tro på ett andligt feminint uppvaknande som ska innebära slutet för den patriarkala eran. De förutspår att kvinnor ska hela varandra, och leda människan in i en framtid av fred och balans. För att stödja varandra i uppvaknandet hålls det ceremonier och ritualer, och det är sådana jag har fotograferat: på festivaler, retreater och workshops. Den här rörelsen finns i många länder, men bilderna är tagna i Ängsbacka, Stockholm, Umeå, Malmö och Helsingfors mellan 2017 och 2019.

Varför ville du fotografera dem?
Jag ville se om det gick att komplicera bilden av den torra och rationella post-kristna svensken. Alltså precis sådana som du och jag. Det finns en oförståelse för religion i Sverige. Uppfattningen är att tro är något som mindre vetande människor ägnar sig åt, eller att det är något konstigt och främmande, till för människor från andra länder. Men ur ett globalt perspektiv är det faktiskt svensken som är konstig, med vår extrema sekularisering och individualism. Min grundinställning är att vi människor är mer lika än olika, oavsett var vi kommer ifrån. Och det borde ju innebära att svensken också längtar efter att ingå i en gemenskap och har ett behov av att hänge sig åt något större.

En bok jag ofta återkommer till är fotografen Sune Jonssons *Sammankomst i elden*, som skildrar pingströrelsens väckelsemöten i Västerbotten på 1960-talet. Människorna i den visar en väldigt osvensk hängivelse till anden. Jag kunde nog föreställa mig att jag skulle kunna hitta liknande uttryck i den nyandliga världen, men att jag faktiskt skulle hitta ett slags samtida väckelserörelse hade jag ingen aning om.

Du har besökt många olika platser under två års tid, och själv deltagit i många av ritualerna.
När jag ringde upp Hajnalka och Alva (ledare för Sacred Womb Women's Festival i Ängsbacka) för att kolla om jag fick komma dit sa de: "Det är så intima processer som sker här, så det kan bli svårt för dig att fotografera oss. Men vi kan ju testa att du kommer hit och deltar som alla andra, och så kanske du kan fota sista dagen eller så, om alla känner sig trygga med det." Så jag visste från början att en förutsättning för att jag skulle vara där var att jag deltog.

Jag har deltagit, mer eller mindre aktivt, i allt som är fotograferat i den här boken. Det har varit reningsritualer, meditationer, välsignelser, hedrande av varandra och naturen, yoga, frigörande danser och praktiska workshops om menscykeln och naturmedicin. Ceremonierna och ritualerna har letts av kvinnor som kallar sig till exempel prästinnor, shamaner och medicinkvinnor. Gemensamt för alla sammanhang är så kallade *sharing circles*, där kvinnorna får prata om sina upplevelser under tiden.

Hur var det för dig att möta den här världen?
Kameran var ju själva anledningen till varför jag klev in i den. På papperet var jag där professionellt, men det blev så att jag verkligen dök in i alltihop med hela mig själv också. Som du säkert märkt när vi pratat var jag nog inte riktigt beredd på hur förvirrande det skulle vara. Jag hade ett starkt behov att processa det.

Mm, du berättade om dina upplevelser för mig en gång för snart tre år sedan. Då kände vi knappt varandra. Jag blev helt besatt av ditt projekt, och sedan dess har vi aldrig slutat diskutera det – vad det väcker i oss, och varför, hur det speglar samtiden, som MeToo och miljörörelsen. Och jag minns att du en gång sa att du aldrig haft så svårt att hålla distansen till ett projekt som det här.
Som dokumentärfotograf deltar man ju alltid i andra människors världar. Det kan vara en svår balans överlag, att stå med en fot inne och en fot ute. Den här gången blev det flera nivåer svårare, eftersom jag deltog i sammanhang som dels satte igång personliga processer, och dels förde mig nära de andra deltagarna. Jag kom så djupt in att det ibland var

svårt att få ut den där ena foten igen. Jag har känt mig både
ödmjuk och ibland lite skrämd av förtroendet jag har fått.
Förtroende innebär ju ett stort ansvar.

Den här bilden (s. 30) får du gärna berätta om.
Vi gjorde en ritual som hette *Sensual Nature Nurture*. Det är
en naturmeditation som avslutades med en orgasmisk and-
ning. Jag ville fånga stämningen efter ritualen och de som
ville bli fotograferade kröp till ett annat ställe. Jag tog bilden
när de var på väg dit. De var så inne i sin känsla att de kröp i
stället för att ställa sig upp och gå. Det finns något galet och
glädjefyllt i bilden.

**Jag stannar ofta upp vid den bilden. Den startar en
dialog i mig.**
I mig med. Kvinnlig lust brukar inte synas på det här viset.
De behagar ingen.

**Det tar ett tag för mig att skölja bort den sexualiserade
blicken, eftersom det bara är så vi är vana att se nakna
kvinnor på bild. Men med sexualiserad blick skaver
den här bilden genast, det stämmer inte, man fattar
inte vad som händer, tills man tvingas byta blick.**
Det är en grej jag vill med mitt fotografi, att vända och vrida
på blicken. Jag har debatterat mycket med mig själv kring
hur det blir när ritualerna fotograferas. Det som sker i de
här rummen är inte menat för yttre betraktare. Allt som sker
kan bara ske i avsaknad av den manliga blicken. Kameran
kan ju representera den, vilket gjorde allt svårt. Samtidigt,
som det kändes för mig, är kameran en del av mig. Jag var
med på det som hände, och jag vill se det som att jag helt
enkelt dokumenterade det som vi tillsammans skapade.

**En instinktiv känsla är detta: jag vill att alla kvinnor
ska se de här bilderna, men jag vill skydda dem från
män – inte för att jag misstror män, utan för att jag
tror att de kanske kulturellt saknar en erfarenhet
som behövs för att förstå de här kvinnorna.**
Tror du att det är fel att det blir publikt?

**Nej, det tror jag absolut inte. Men jag tror att många
kvinnor har en längtan till något som kan vara svårt
att förstå för den som inte behövt arbeta emot det**

**hela livet. Stäng kroppen, så att ingen ser den, så att
ingen tilltalar dig, så att ingen misstolkar vad du vill,
så att ingen kräver något av dig. Le, så du inte verkar
sur. Armarna över bröstet, korsade ben, titta ut
genom bussfönstret, gå fort hem på kvällen. Jag tror
helt enkelt att jag förstår varför kvinnorna gör det
de gör. Att det inte handlar om att klä av sig naken
och göra tokiga saker, vilket jag befarar att somliga
kommer att tänka.**
Just så har jag också känt, att det här väcker en längtan hos
kvinnor. Och när jag pratat med män så möter jag oftare ett
oförstående. Många bilder är ju rätt uppseendeväckande,
så männen jag visat bilderna för har mer tyckt: "vad är det
där för exhibitionister", liksom. Jag tror faktiskt att det för
många är svårt att se bilder på kvinnor utan att utgå från att
deras vilja är att vara objekt.

**Berätta om din kapitelindelning: The Maiden, The
Mother, The Enchantress, The Crone.**
En tanke inom rörelsen är att kvinnors kroppar fungerar
annorlunda än mäns eftersom vi har en menscykel att för-
hålla oss till, men att vi förnekar det eftersom vi så gärna vill
passa in i samhället. Detta ska vara en anledning till att
kvinnor mår dåligt, att vi inte tar hänsyn till våra kroppar.
De anser också att vi på grund av menscykeln har ett annat
sätt att förhålla oss till tid. Att vi nu lever i en linjär och mas-
kulin tid, framåt och uppåt, när vi borde fokusera på natu-
rens *cirkulära* tid med cykler av födelse, död och återfödelse.
I menscykeln, menar de, finns det fyra olika faser. Blödning-
en, the Crone, representerar död och pånyttfödelse. Tiden
före ägglossningen, the Maiden, är en sprudlande och själv-
klar tid, full av energi. Sedan kommer ägglossningen, the
Mother, då kvinnan är mer vårdande. Sist kommer PMS-
fasen, the Enchantress, en tid när hon behöver gå in i sig
själv, vårda sitt inre mörker.

Jag tycker särskilt att the Enchantress är spännande, efter-
som det är en arketyp som är så skamfylld. Den vilda och
hysteriska kvinnan. Inom rörelsen omfamnas det som en
värdefull tid, en möjlighet att möta det som är svårt.

**Med tanke på alla kraftfulla bilder i boken blev jag
förvånad över att det är the Mother-bilderna jag
känner mest för.**

Kan det vara det tydliga omhändertagandet av varandra som visas? Det drabbade mig hårt också. Uppvaknandet ska inte vara en ensam process. Det skapas i systerskapet. Jag tycker att det finns en enorm kraft i det. Någonstans kan jag nästan förstå deras vision om att det här kommer att välta världen.

Jag skulle vilja ta upp något du och jag har pratat mycket om gällande det här. Och det är skam. Jag skäms över intresset det här väcker i mig. Till och med nu, när vi har det här samtalet, skäms jag.

Jag hade jättesvårt att prata om det här med mina kollegor. *Awakening* var från början en del av ett nordiskt projekt som mitt fotokollektiv Moment gjorde, och jag deltog i en massa workshops längs vägen. Mitt i processen var det så svårt att ha perspektiv. Det var också svårt att förhålla mig till min egen familj och mina vänner. De flesta tyckte att det jag berättade var oerhört far out. Jag tror att skammen för det första handlar om att new age-kvinnan ofta porträtteras så löjeväckande. I vårt sekulära samhälle anses det närapå onormalt att tro på någonting större. Ingen vill kalla sig new age eller religiös, knappast de jag fotograferat heller. En människa ska vara rationell och vetenskaplig för att förtjäna respekt. Allt det här vet ju kvinnorna i boken, och därför har det slagit mig hur modiga de är som vågar vara öppna med vad de tror på. Sedan har kvinnor alltid haft en framträdande plats inom nyandligheten, med naturlig följd att den fått sämre status. Sådana här strömningar har alltid legat och puttrat lite i det fördolda. Så om du känner en dragning till det och genast sköljs över av skam är det nog lite som det har varit för alla. Studier som gjorts på oss förtappade stackars post-kristna svenskar visar att intresset för nyandlighet är enormt.

En sak som både du och jag tyckt varit svårt att förhålla oss till är att vår generations feminism handlat mycket om att sudda ut könsrollerna. Här bejakas ju i stället det specifikt feminina.

Jag tror att vårt motstånd delvis är en generationsgrej. Jag upplever att det är mycket mer oproblematiskt för de yngre kvinnorna som jag har fotograferat. De verkar inte stressa upp sig över det här med att biologismen skulle fängsla dem i sina kroppar, utan mer resonera att det handlar om maskulina och feminina energier. När det feminina rest sig till nivå med det maskulina, så kommer alla människor att vara mer fria att välja vilka de vill vara eftersom allt är okej.

Finns det något i rörelsen som du uppfattat som oroande? I mig ringer alltid en varningsklocka när en grupp människor ses en bit utanför det vanliga samhället med en andlig agenda.

Jag har inte sett några tecken på något oroande, sektartat, Det finns ingen organisering, inget hierarkiskt ledarskap, ingen regelbok. Det läggs hela tiden vikt vid att alla ska komma till tals, och att var och en ska göra det den själv tycker känns rätt. Med det sagt tror jag ändå att det är viktigt att ha en viss vaksamhet. Andliga rörelser speglar alltid sin tid. Vår känns väldigt dystopisk just nu, och det har ju hänt förr att det kommer en karismatisk person med löften om en övernaturlig kraft som ska leda oss till en utopi.

Jag uppfattar det som väldigt starka inre processer som sätts igång under ritualerna.

De kan vara oerhört starka, och det finns ingen särskild psykolog på plats. Det har jag tänkt på en del. Det är meningen att systerskapet ska räcka som stöd. Jag gjorde till exempel en dödsmeditation där jag skulle föreställa mig min egen död. Meningen med meditationen tror jag var att komma ihåg att vara nära livet genom att våga närma sig döden. Jag hade en bild av hur jag låg på en säng omringad av min man och mina barn. I meditationen tog jag mitt sista andetag. Det var fruktansvärt. Jag har känt en oro för vad som händer med alla när de kommer hem med sina processer. Sträcker sig systerskapet dit?

Hur togs du emot på plats i den här upplevelsen?

Jag var helt uppriven. Men då kom Hannah-Maria fram till mig, hon som är på omslaget till boken. Hon gav mig en lång kram och föreslog att jag skulle gå in i skogen och sätta mig en stund. Där inne möttes jag av det som var kvar av ett altare från en annan ceremoni. Det var ett magiskt ljus över det. Jag blev inspirerad, tog en bild (s. 109) och glömde bort allt som var svart. Det var så fint. Jag hade ju just dött! Och här kommer en tjugo år yngre kvinna med ett slags pånyttfödelse. Jag kommer aldrig att glömma henne.

Vad har de här kvinnorna lärt dig?
Jag gav mig ut för att leta efter det som kan anses gudomligt i vår tid. Vad jag tar med mig är minnet av de stunder då jag faktiskt kunde känna en uppriktig känsla av något som liknade helighet. Det har lämnat en dörr på glänt till en mer tillåtande och magisk värld. Och precis så är det nog för de flesta som är del i sådana här sammanhang. Livet pågår precis som vanligt, men ibland kan den där mystiska dörren öppnas och passeras.

On the Feminine Awakening

Manon Hedenborg White

What does it mean to be a woman? That question is central to the movement portrayed in this book – a movement that is often called 'feminine awakening'. The women shown here believe that our culture has oppressed and repressed the sacred feminine, alienating women from their innate power, and disparaging women's bodies and sexuality. To heal this wound, they must reawaken the Goddess, their sacred feminine power, and authentic female sexuality. This awakening occurs both within individual women and society in general. The women in the photographs gather together and dance, read the tarot, create artistic works and rituals, and explore nature, sexuality, and themselves. Together, without the presence of men, they interrogate the notion of femininity and what it is to be a woman.

The need for women to organise because of the suppression of their voices and talents was first voiced in the modern movement referred to as feminism, which began to take shape in the 18th century. Feminism has never been a uniform movement – it has encompassed a range of different schools of thought, thinkers, and organisations that share a critical attitude towards the structural oppression of women, but differ in their strategies and objectives. Although not all of the women included in this book identify as feminists, the notion of feminine awakening draws on the intellectual history of feminism.

Western feminism is often, somewhat simplistically, divided into 'waves' (usually three). The first wave covers the period from the 19th century up to the First World War. Key figures from this era in Sweden include Fredrika Bremer, Sophie Adlersparre, and Ellen Key. Voting rights for women were a central issue in the first-wave women's movement, but feminists also campaigned to reform inheritance rights, divorce, and labour rights. The second wave arose in the 1960s. It is often identified with the slogan 'The personal is political', indicating the emphasis that second-wave feminists placed on issues relating to sexuality and policies concerning the family. During this period the women's movement also achieved progress in the academic world, thanks to feminist scholars who highlighted how mainstream history had overlooked women's roles and drew attention to women's contributions to culture and society. Feminism's third wave, which dates back to the 1990s, has raised issues of intersectionality – the ways inequalities between men and women intersect with other power dynamics linked to factors such as race, social class, and sexuality.

Religion and spirituality have influenced many leading feminists. For Christian first-wave feminists, the New Testament's message of equality was foundational to the struggle for women's rights. However, the 19th century coincided with a process of secularisation, which saw an increasing separation between Church and State in large parts of the Western world. This enabled feminists to criticise the Church. In Sweden, Ellen Key, a prominent literary critic and philosopher, formulated her own 'life faith' as an alternative to traditional Christianity. Increasing secularism also paved the way for alternative forms of spirituality that enabled women to exercise greater influence. One of these was occultism, a term that encompasses various movements that emerged in the mid-19th century. The word 'occult' is derived from the Latin word *occultus*, which means concealed or secret. In the context of this movement, the term refers to the notion that there are hidden dimensions of existence beyond physical reality. One of the most popular forms of occultism was Spiritualism – the belief that one could communicate with the spirits of the dead. Spiritualism became a widespread movement, with people convening all over North America and Europe to hold séances. Many Spiritualist mediums were women and suffragettes who used the séance as an opportunity to advocate for women's rights. One of the people in Sweden influenced by the Spiritualist movement was Hilma af Klint, a pioneering abstract painter. Together with four female friends, she formed a group known as 'The Five', who met regularly to speak to the dead.

Many suffragettes were members of the Theosophical Society, perhaps the most significant occult organisation around the *fin-de-siècle*. It was co-founded by Helena Blavatsky, a

Russian noblewoman. Many prominent writers, artists, and intellectuals were drawn to Theosophy. In Sweden, the movement attracted leading cultural figures such as Hilma af Klint, Selma Lagerlöf, August Strindberg, and Kata Dalström, a socialist agitator. The Theosophical Society offered the same opportunities for advancement to women and men, and alternative ideas about gender flourished within the movement. Many Theosophists believed that the divine comprised both male and female elements, which were out of balance in a patriarchal society. In order to restore the cosmic order, women's influence had to be strengthened. Similar ideas were espoused within the Hermetic Order of the Golden Dawn, a secret society founded in 1888 in England whose members studied occult ritual magic, astrology, and tarot. Many of its members also supported the women's suffrage movement. One such member was Pamela Colman Smith, a suffragette and artist who illustrated the cards in the Rider- Waite tarot deck. Occultists use tarot cards to interpret internal and external worlds and to foretell the future. The Rider-Waite deck is still the best-selling set of tarot cards in the world, and it even appears on page 19 of this book.

Some *fin-de-siècle* occultists also held alternative views on sexuality, considering eroticism and spirituality to be intertwined. Paschal Beverly Randolph, an African-American doctor and Spiritualist, was one of the first people to develop techniques of 'sexual magic'. Randolph claimed that sexual energy, when focused with the power of the mind, could be used to achieve happiness, prosperity, spiritual development, and a longer life. He was a feminist and, unlike many of his contemporaries, considered women's sexual pleasure to be as important as men's. His ideas inspired the German occultist Theodor Reuss, who believed that sexuality was the key to spirituality and magic. Reuss collaborated with the influential British occultist Aleister Crowley, a former member of the Golden Dawn who went on to found the religion of Thelema. Although modelled on Freemasonry, Reuss' and Crowley's initiatory fraternity Ordo Templi Orientis was open to both men and women, and the secrets of sexual magic were taught to higher-grade initiates of the order.

As a result of increasing Western secularisation and the waning influence of Christianity, seekers of spirituality in the 20th century turned their attention to Eastern traditions.

Many practitioners of sexual magic were inspired by Tantra, a collection of philosophical beliefs and practices within Hinduism and Buddhism with pronounced magical elements. Some forms of Tantric practice include sexual rites. These constitute a relatively minor proportion of Indian Tantric beliefs, but occultists such as Reuss and his contemporaries accorded them great significance, regarding Tantra as a system for spiritual enlightenment via sexual pleasure. This interpretation of Tantra was very influential in the countercultural hippie movement of the 1960s and '70s, when it was cross-pollinated with feminist ideas. Today, some women who seek a feminine awakening use the term 'Tantra' to describe sensual physical practices and a Goddess-oriented spiritual path, where the body and sexuality are seen as sacred.

Early 20th-century occultism also sparked an interest in modern witchcraft, which emerged around the 1950s, catalysed by the British writer and civil servant Gerald Gardner. He claimed to have been initiated into a secret coven of witches who practised a pagan religion with pre-Christian roots that was centred on fertility and the worship of a goddess and a god. Gardner termed this tradition Wicca, but scholars agree that Gardner mostly invented this backstory and developed Wicca himself, taking elements from literary Romanticism and *fin-de-siècle* ritual magic. Gardner was also inspired by amateur historians who believed that the 'witches' executed in the witch trials in the early-modern period had been practitioners of a real pagan fertility cult. He drew on the poet Robert Graves' theories about the triple Goddess, whose distinct figures – the Maiden, the Mother, and the Crone – were associated with the seasons and phases of the moon. This model took on great importance within Wicca and later forms of Goddess worship. A further development is the quadruple or fourfold Goddess, which appears in this book. When Wicca spread to the United States in the late 1960s, it was integrated into the environmental movement and second-wave feminism, giving rise to a feminist, ecologically aware witchcraft with thousands of adherents around the world. Writers and self-proclaimed witches such as Zsuzsanna Budapest and Starhawk from the United States and Monica Sjöö, a Swedish artist and eco-feminist, claimed that prehistoric cultures included a matriarchal Goddess cult and that the victims of witch trials had been priestesses and worshippers of the Goddess, persecuted by the Christian Church.

A Swedish branch of the Goddess movement was 'Tealoger-na', an association founded by Birgitta Onsell, a feminist writer and educator.

As proponents of witchcraft and Goddess worship drew influence from second-wave feminism, they were faced with the question of femininity – that is, the characteristics, roles, and abilities associated with womanhood. Femininity was one of many questions that caused rifts among second-wave feminists. Many leading figures in the second wave highlighted women's sexual objectification by the male gaze and pointed to the idealisation of nurturance and motherhood in women, as well as classic feminine attributes such as make-up and high heels, as means of female subjugation. Meanwhile, other feminists – including Goddess-centred writers and thinkers such as Starhawk, Budapest, Sjöö, and Onsell – had a more optimistic view of femininity. They argued that women were bearers of unique abilities and a distinct culture, which had long been suppressed by the patriarchy and should be embraced and recognised in a spiritual movement of women's liberation.

The pessimistic view of femininity has long been dominant among academic feminist theorists. Femininity has had a poor reputation because 'traditionally' feminine traits and activities have often been associated with passivity, superficiality, and subjugation. In addition, the spiritual feminism and Goddess worship which flourished from the 1970s and '80s onwards was generally not well regarded by academic feminists or mainstream Swedish feminism. Critical voices maintained that interests in divination, astrology, and hidden dimensions of existence reinforced a stereotyped image of the irrational woman and diverted attention from socio-political issues such as childcare provision and wage discrimination.

However, this criticism ignores the role of religion and spirituality in both feminism and other modern social justice campaigns, including various anti-colonial independence movements, the abolition of slavery, and the African-American civil rights movement. Like the occultist suffragettes of the *fin-de-siècle* and the eco-feminist witches of the 1970s, many of the women pictured in this book regard feminine awakening as a matter of both social transformation and spiritual meaning-making. The loosely organised movement aiming to reawaken the Goddess one woman at a time continues a 150-year-old tradition of women who have sought liberation through alternative forms of spirituality. Within this milieu, rituals are employed to process individual and shared experiences. Embodied practices, inspired by Tantra and sexual magic, are interwoven with a belief that women's bodies and sexuality are sacred, while astrology and tarot are employed to create meaning and connection.

The French feminist philosopher Luce Irigaray has written that our culture equates 'human' with 'man', and that we lack the tools to understand the sexes in terms of different-but-equal. Thus, it is difficult for us to imagine femininity as something other than the lack or absence of, or complement to, masculinity. As a result, relationships between women are accorded low status. In Irigaray's view, we need to embrace new ways of thinking about femininity on its own terms rather than just in relation to men. She identifies a number of strategies for achieving this, explaining that we must elevate the mother–daughter relationship and create female images of the divine – a Goddess. Irigaray advocates the notion of *écriture feminine* ('feminine writing'), a kind of feminine language or cultural space where women speak with and to each other on their own terms.

The Goddess-oriented movement depicted in this book could be viewed as an attempt to create something along the lines of Irigaray's proposal – not just by honouring 'traditionally' feminine traits and activities like care and motherhood, but also by acknowledging the 'bad' woman: a powerful, sexual being who rules over life and death. The notion of feminine awakening encompasses an optimistic, inquisitive attitude towards femininity as a multifaceted identity that grants strength and sisterhood. In this context, women's bodies and wombs are seen as the centre of female relationships, which extend back over millennia. Such language may seem essentialist and biologist – a criticism often levelled against Irigaray for her emphasis on femininity and difference. It also raises questions about inclusion in the feminine awakening. What about transwomen, or women without wombs as a result of medical treatment, or women who do not menstruate, or who cannot – or do not want to – become pregnant? Also, does the association of the cycles of women's bodies with the seasons and phases of the moon unwittingly strengthen the image of women as being controlled by their biology?

The women in this book are open to different visions of femininity and to the possibility that in the future we might move beyond binary terms like 'masculine' and 'feminine'. Similar to Irigaray, however, they feel that we first need to create a balance by reclaiming femininity and the Goddess force – as many occultists and Goddess-worshipping feminists have advocated since the turn of the last century. There is something utopian about this questioning of masculinity as the norm. In a context where women's bodies have been regarded as defective, explicitly and positively foregrounding feminine traits and attributes may be necessary – and empowering. The concept of a fourfold Goddess reflected in the moon and nature becomes a metaphor for the meaning and sacredness of female life, where feminine worth is not equated with youth or fertility. At first glance, the nudity in many of the photographs may give an impression of vulnerability, but it also challenges our preconceptions about femininity and strength, and the boundaries between the sensual and the sexual. These images contrast with commercialised advertising culture, where women's bodies (usually slim, fair-skinned, and young) are used as objects to capture the viewer's gaze. The photos here instead show active women's bodies of various ages and sizes, in relation to one another and themselves rather than to men.

The women in this book speak of the female awakening as something that needs to happen now. The sense of urgency is understandable. Despite more than 150 years of feminist efforts, the rights of girls and women are under threat in many places around the world. Meanwhile, accelerating climate change is becoming harder to ignore – and many people believe we are approaching a tipping point. This book presents an intense search for alternative ways to live – and women who are using rituals, community-making, and magic to find new answers to the question of what it means to live as a woman. Perhaps we can understand the feminine awakening movement as a hopeful, utopian project that is attempting to create new ways to understand and embody femininity, a separate cultural space where femininity can be examined in its own right. At the same time, the movement also addresses bigger questions about what it means to be human, the values needed to save ourselves and each other, and how we can live in harmony with our planet in the future.

Om det feminina uppvaknandet

Manon Hedenborg White

Vad innebär det att vara kvinna? Frågan står i centrum för den rörelse som skildras i denna bok, och som av sina utövare ofta kallas *feminine awakening* – feminint uppvaknande. Kvinnorna som skildras här menar att vår kultur förtryckt och förträngt det heliga feminina, förfrämligat kvinnor från sin inneboende kraft och nedvärderat kvinnors kroppar och sexualitet. För att läka detta sår måste gudinnan, den feminina gudomliga kraften och den autentiska kvinnliga sexualiteten återuppväckas. Uppvaknandet sker både inom den enskilda kvinnan och i samhället i stort. Kvinnorna på bilderna samlas och dansar, spår i tarot, skapar konstnärligt och rituellt, och utforskar naturen, sexualiteten och sig själva. Tillsammans och utan mäns närvaro närmar de sig frågan om femininitet och vad det är att vara kvinna.

Tanken om att kvinnors röster och förmågor undertryckts och att kvinnor därför måste organisera sig formulerades först inom den moderna rörelse som kallas feminism, vilken började växa fram under 1700-talet. Feminismen har aldrig varit en enhetlig rörelse – tvärtom har den omfattat en mängd idéströmningar, tänkare och organisationer. Gemensamt för dem är en kritik av det strukturella förtrycket av kvinnor men de skiljer sig åt ifråga om strategier och mål. Även om inte alla de kvinnor som figurerar i denna bok beskriver sig som feminister hämtar tanken om det feminina uppvaknandet näring ur feminismens idéhistoria.

Västerlandets feminism brukar lite förenklat delas in i vågor (ofta tre). Den första vågen sträcker sig från 1800-talet fram till första världskriget, och omfattade i Sverige nyckelpersoner som Fredrika Bremer, Sophie Adlersparre och Ellen Key. För första vågens kvinnorörelse var frågan om rösträtt central, men feminister drev också frågor om arvsrätt, skilsmässa och arbete. Den andra vågen tog sin början under 1960-talet, och brukar sammanfattas med budskapet "det personliga är politiskt". Detta syftar på att andra vågens feminister – exempelvis den svenska organisationen Grupp 8 – lade särskild vikt vid frågor om sexualitet och familjepolitik. Under andra vågen gjorde kvinnorörelsen också framsteg i den akademiska världen, då feministiska forskare pekade på hur kvinnor osynliggjorts i historieböckerna och lyfte fram kvinnors bidrag till kultur- och samhällsliv. Under tredje vågen – som inleddes kring 1990-talet – lyftes frågor om intersektionalitet, det vill säga hur ojämlikheter mellan män och kvinnor samspelar med andra maktförhållanden kopplade till exempelvis hudfärg, samhällsklass och sexualitet.

Religion och andlighet har präglat många tongivande feminister. För första vågens kristna kvinnorättskämpar var nya testamentets budskap om jämlikhet en förutsättning för kvinnokampen. Men 1800-talet sammanföll också med en sekulariseringsprocess där kyrka och stat kom att skiljas åt i stora delar av västvärlden. Detta gjorde det möjligt för feminister att kritisera kyrkan. I Sverige formulerade litteraturkritikern och filosofen Ellen Key till exempel sin egen "livstro" som alternativ till den traditionella kristendomen. Sekulariseringen banade också väg för alternativa former av andlighet där kvinnor fick större inflytande. En av dessa är ockultismen – ett samlingsnamn för olika rörelser som växte fram från mitten av 1800-talet. "Ockult" betyder fördold eller hemlig, och syftar på idén om att det finns förborgade dimensioner av tillvaron bortom den fysiska verkligheten. En av de mest populära formerna av ockultism var spiritualismen – tron att man kan kommunicera med de dödas andar. Spiritualismen blev en folkrörelse, och över hela Nordamerika och Europa samlades man i salongerna för att hålla seanser. En mängd spiritualistiska medier var kvinnor och rösträttskämpar, och de använde sig av seansen för att förespråka kvinnors rättigheter. I Sverige influerade spiritualismen bland andra konstnärinnan Hilma af Klint, en pionjärfigur inom det abstrakta måleriet. af Klint bildade tillsammans med fyra väninnor gruppen De Fem, som regelbundet möttes för att tala med de döda.

Många suffragetter var medlemmar i Teosofiska samfundet, kanske sekelskiftets viktigaste ockulta organisation, vars ena grundare var ryskan Helena Blavatsky. Flera tongivande författare, konstnärer och debattörer drogs till teosofin, som i Sverige influerade bland andra Hilma af Klint, Selma Lagerlöf, August Strindberg och den socialistiska agitatorn Kata Dalström. Kvinnor kunde avancera i samfundet på samma villkor som män, och inom teosofin florerade alternativa idéer om kön. Många teosofer trodde att det gudomliga bestod av både manligt och kvinnligt. I ett patriarkalt samhälle stod dessa principer i obalans, och kvinnors inflytande behövde stärkas för att återupprätta den kosmiska ordningen. Liknande idéer fanns inom det ritualmagiska ordenssällskapet Hermetic Order of the Golden Dawn som grundades i England 1888, och vars initierande medlemmar studerade ockult ritualmagi, astrologi och tarot. Många ordensmedlemmar stödde också rösträttsrörelsen. En av dem var suffragetten och konstnärinnan Pamela Colman Smith, som år 1909 illustrerade samtliga kort i den så kallade Rider-Waite tarotleken. Ockultister använde sig av tarotkorten för att kartlägga inre och yttre världar och förutspå framtiden, och Rider-Waite är än idag världens mest sålda tarotlek. Den syns även i denna bok, och figurerar på sidan19.

Flera ockultister kring förra sekelskiftet hade också alternativa uppfattningar om sexualitet, och menade att erotik och andlighet var sammanflätade. Den afroamerikanske läkaren och spiritualisten Paschal Beverly Randolph var en av de första som utvecklade tekniker för sexualmagi. Randolph hävdade att sexuell energi fokuserad med tankens kraft kunde användas för att nå lyck*a, välstånd, andlig utveckling och ett längre liv. Han var feminist,* och ansåg till skillnad från många av sina samtida att kvinnans sexuella njutning var lika viktig som mannens. Hans idéer inspirerade den tyske ockultisten Theodor Reuss, som ansåg att sexualiteten var nyckeln till andlighet och magi. Reuss samarbetade med den inflytelserika brittiske ockultisten Aleister Crowley, en tidigare medlem i Golden Dawn som 1904 grundade religionen thelema. I Reuss och Crowleys frimurarliknande ordenssällskap Ordo Templi Orientis var kvinnor välkomna, och sexualmagins hemligheter lärdes ut i de högre graderna.

Som följd av den västerländska sekulariseringsprocessen och kristendomens minskade inflytande har andliga sökare under hela 1900-talet riktat blicken mot österländska traditioner. Många sexualmagiker har inspirerats av *tantra* – en samling religiösa strömningar inom hinduismen och buddhismen med starka magiska inslag. Inom vissa former av tantra förekommer sexuella riter. Detta är en relativt liten del av den indiska tantran, men fick stor betydelse för ockultister som Reuss och hans samtida, som såg tantran som ett system för andlig upplysning via sexuell njutning. Denna tolkning av tantra blev väldigt inflytelserik inom 1960- och 1970-talets motkulturella hippierörelse, och kom även att korsbefruktas med feministiska idéer. Bland kvinnorna som strävar efter det feminina uppvaknandet används begreppet tantra idag ofta för att beskriva kroppsliga, sensuella praktiker och en mer gudinneorienterad andlig väg där kroppen och sexualiteten ses som heliga.

Sekelskiftets ockultism inspirerade också från 1950-talet och framåt ett intresse för modern häxkonst. Katalysatorn för detta var den brittiske kolonialtjänstemannen och författaren Gerald Gardner som hävdade att han initierats i en hemlig krets av häxor som utövade en fertilitetsreligion med förkristna rötter och som kretsade kring en gudinna och en gud. Gardner kallade traditionen för wicca. Forskningen är dock enig om att Gardners berättelse troligtvis var påhittad, och att Gardner själv utvecklade wicca med influenser från den litterära romantiken och sekelskiftets ritualmagi. Gardner inspirerades även av amatörhistoriker som menade att de "häxor" som avrättades under de tidigmoderna häxprocesserna utövade en verklig, hednisk fertilitetskult. En viktig inspirationskälla för Gardner var poeten Robert Graves teorier om den trefaldiga gudinnan, vars olika personligheter – jungfrun, modern och den gamla – hängde samman med årstiderna och månens faser. Denna föreställning fick stor betydelse för wicca och senare former av gudinneorienterad andlighet. En utveckling av denna modell är den fyrdelade gudinnan, som framträder i denna bok. När wicca spreds till USA under slutet av 1960-talet integrerades den i miljörörelsen och andra vågens kvinnorörelse, vilket gav upphov till en feministisk och ekomedveten häxkonst med tusentals anhängare över hela världen. Författare och självutnämnda häxor som Zsuzsanna Budapest och Starhawk i USA, och den svenska konstnären och ekofeministen Monica Sjöö, menade att förhistoriska kulturer präglats av en matriarkal gudinnekult, och att häxprocessernas offer var gudinnans prästinnor och anhängare som förföljts av kyrkan. En svensk förgrening av gudinnerörelsen var föreningen Tealogerna, som grundades på initiativ av den feministiska författaren och pedagogen Birgitta Onsell.

Då häxkonst och gudinnetro sammankopplades med andra vågens feminism kom rörelsen också att behöva hantera frågor om femininitet – alltså vilka egenskaper, roller och förmågor som associeras med att vara kvinna. Femininitet var en av många frågor som splittrade andra vågens feminister. Flera tongivande andra vågen-feminister pekade på hur kvinnor objektifierades sexuellt av den manliga blicken, och menade att idealisering av omvårdnad och moderskap såväl som klassiskt feminina attribut som smink och höga klackar var del av kvinnoförtrycket. Parallellt med detta hade andra feminister – däribland gudinneorienterade sådana som Starhawk, Z Budapest, Sjöö och Onsell – en mer optimistisk syn på femininitet. De menade att patriarkatet förtryckt kvinnors särskilda kultur och förmågor och att dessa borde omfamnas och erkännas genom en kvinnofrigörande andlighet.

Inom akademisk feministisk teoribildning har den pessimistiska synen på femininitet varit dominerande. Femininitet har haft dåligt rykte, och "klassiskt" feminina attribut och sysslor har ofta förknippats med passivitet, ytlighet och underordning. Vidare har den andliga feminism och gudinnetro som florerade under 1970- och 1980-talen haft låg status såväl inom den akademiska feminismen som i huvudfåran av svensk feminism. Kritiska röster har hävdat att intresset för spådom, astrologi och tillvarons förborgade dimensioner förstärker en stereotyp bild av den irrationella kvinnan, och stjäl fokus från samhällspolitiska frågor som daghemsplatser och löneskillnader.

Denna kritik glömmer dock religionens och andlighetens betydelse för såväl feminismen som andra moderna rättviseprojekt, såsom diverse antikoloniala självständighetsrörelser, motståndet mot slaveriet och den afroamerikanska medborgarrättsrörelsen. Liksom för sekelskiftets rösträttskämpande ockultister och 1970-talets ekofeministiska häxor betraktar många av de kvinnor som syns i denna bok det feminina uppvaknandet som en fråga om både social förändring och andligt meningsskapande. Den löst sammansatta rörelse som vill återuppväcka gudinnan en kvinna i taget bygger därmed vidare på en närmare 150 år lång historia av kvinnor som sökt frigörelse via alternativa former av andlighet. Inom denna rörelse används ritualer för att bearbeta både egna och gemensamma upplevelser. Förkroppsligade praktiker inspirerade av tantra och sexualmagi flätas samman med en uppfattning om kvinnokroppen och sexualiteten som heliga, och astrologi och tarot används för att skapa mening och sammanhang.

Den franska feministiska filosofen Luce Irigaray menar att vår kultur sätter likhetstecken mellan människa och man, och saknar verktyg för att förstå skillnad mellan könen i bemärkelsen olika men lika mycket värda. Därmed har vi svårt att föreställa oss femininitet annat än som brist, avsaknad, eller komplement till manligheten. Detta gör att relationer mellan kvinnor får låg status. Irigaray anser att vi måste öppna upp för nya sätt att tänka kring femininitet som något i sig självt, som inte bara finns till i relation till mannen. Hon pekar på ett antal olika strategier för vägen dit, och menar att vi måste uppvärdera förhållandet mellan mor och dotter och skapa bilder av det gudomliga som kvinnligt – en gudinna. Irigaray talar om en *écriture feminine* (kvinnlig skrift), ett slags feminint språk och kulturellt rum där kvinnor talar med och till varandra på egna villkor.

Den gudinneorienterade rörelse som skildras i denna bok skulle kunna ses som ett försök att skapa något i linje med det Irigaray önskar sig. Detta sker inte bara genom hyllandet av "klassiskt" kvinnliga egenskaper och sysslor som vårdande och moderskap, utan också genom ett bejakande av den "dåliga" kvinnan, som är sexuell, kraftfull och råder över liv och död. I tanken om det feminina uppvaknandet ryms en optimistisk och prövande inställning till femininitet som något mångfacetterat, och som ger styrka och samhörighet med andra kvinnor. Kvinnokroppen och livmodern utgör centrum för kvinnliga relationer som sträcker sig tusentals år bakåt i tiden. Detta språk kan verka essentialistiskt och biologistiskt – något också Irigaray anklagats för i sitt betonande av femininitet och skillnad. Det väcker också frågor om vem som inkluderas i det feminina uppvaknandet. Vad gäller för transkvinnor eller kvinnor som på grund av medicinsk behandling saknar livmoder, eller för kvinnor som inte menstruerar eller kan bli gravida – eller som inte vill det? Och kan sammanflätandet av kvinnokroppens cykler med årstiderna och månens faser förstärka bilden av kvinnan som styrd av sin biologi?

Kvinnorna i denna bok är öppna för att femininitet kan se olika ut, och för att vi i framtiden kanske kan nå bortom binära termer som maskulint och feminint. Men med ett resonemang som påminner om Irigarays menar de att vi först måste skapa balans genom att återupprätta femininitet och gudinnekraft – något som många ockultister och gudinnetroende feminister från förra sekelskiftet till idag hävdat. Det finns något utopiskt i detta ifrågasättande av manligheten som norm. Att explicit uppvärdera kvinnliga attribut och egenskaper kan vara nödvändigt – och stärkande – i en kontext där kvinnokroppen uppfattats som defekt. Tanken om den fyrfaldiga gudinnan som speglas i månen och naturen blir en metafor för kvinnolivets mening och helighet, där kvinnligt värde inte görs liktydigt med ungdom eller fertilitet. Den återkommande nakenheten på bilderna kan vid första anblick ge ett intryck av sårbarhet, men utmanar också våra föreställningar om femininitet och styrka, och om gränserna mellan det sensuella och sexuella. Fotona kontrasterar mot den kommersialiserade reklambildskultur där kvinnokroppen (oftast smal, ljushyad och ung) används som blickfång. Här syns istället aktiva kvinnokroppar i olika åldrar och storlekar, som förhåller sig till varandra och sig själva snarare än till män.

Kvinnorna i boken talar om det kvinnliga uppvaknandet som något som måste ske nu. Känslan är begriplig. Trots mer än 150 år av feministisk strävan hotas flickors och kvinnors rättigheter på många platser i världen. Den eskalerande globala uppvärmningen blir samtidigt svårare att ignorera – och många upplever att mänskligheten närmar sig oåterkallelighetens punkt. Denna bok skildrar ett intensivt sökande efter alternativa sätt att leva – och kvinnor som genom ritualer, samhörighet och magi utforskar nya svar på frågan om vad det innebär att göra det i egenskap av kvinna. Kanske kan vi förstå *feminine awakening*-rörelsen som ett hoppfullt och utopiskt projekt som försöker skapa nya sätt att förstå och förkroppsliga femininitet, ett eget kulturellt rum där femininiteten kan utforskas som något i sig själv. Men rörelsen inrymmer också större frågor om vad det innebär att vara människa, om de värden som behövs för att rädda oss själva och varandra, och hur vi i framtiden kan leva i harmoni med vår jord.

This book is dedicated to all maidens, mothers, enchantresses and crones everywhere. May our inner fires burn brighter than the flames around us.

My warmest thanks go to:

All the strong women I met while working on this book. The openness, warmth and trust we shared will remain in my heart forever.

My friends in Moment. Without our 'Almost Perfect' project, *Awakening* would never have come about. Knut Egil Wang, Juuso Westerlund, Marie Hald, Chris Maluszynski and Eivind H. Natvig.

The people who have worked on this book. Annika Norlin, Manon Hedenborg White, Patric Leo, Jeppe Wikström, Frida Axiö, Sten von Rosen and everyone else at the publisher Max Ström.

Frans Enmark, Susanne Fessé, Åsa Sjöström, Alexandra Andersson Ellis, Pernilla Berglund, Erik Abel, Anna Clarén, Frida Hyvönen, GGW and everyone else who has helped me along the way.

My family, for their love and support. Special thanks go to my husband Peder Stenberg and my brother Lars Berge. Your understanding and belief in a project like this give me hope for the future.

Awakening was produced with the support of the Swedish Arts Grants Committee (*Konstnärsnämnden*) and the Nordic Culture Fund.

Elin Berge Awakening

© Bokförlaget Max Ström, 2020
© Photography Elin Berge
Text interview Elin Berge and Annika Norlin
Text by Manon Hedenborg White
English translation Ruth Urbom, 2020
Design and production Patric Leo
Repro Italgraf Media
Printing Graphicom, Italy, 2020
First edition

www.maxstrom.se
www.elinberge.com

ISBN 978-91-7126-507-4